COMMENT
DEVENIR UN
MEILLEUR
BOSS

Les Éditions Transcontinental inc.
1100, boul. René-Lévesque Ouest
24ᵉ étage
Montréal (Québec) H3B 4X9
Tél. : (514) 392-9000
       1 800 361-5479
www.livres.transcontinental.ca

Les Éditions de la Fondation de l'entrepreneurship
55, rue Marie-de-l'Incarnation
Bureau 201
Québec (Québec) G1N 3E9
Tél. : (418) 646-1994, poste 222
       1 800 661-2160, poste 222
www.entrepreneurship.qc.ca

La collection Entreprendre est une initiative conjointe de la Fondation de l'entrepreneurship et des Éditions Transcontinental visant à répondre aux besoins des futurs et des nouveaux entrepreneurs.

Distribution au Canada
Les messageries ADP
2315, rue de la Province, Longueuil (Québec) J4G 1G4
Tél. : (450) 640-1234 ou 1 800 771-3022
adpcommercial@sogides.com

Catalogage avant publication de Bibliothèque et Archives Canada
Samson, Alain
Comment devenir un meilleur boss
(Collection Entreprendre)
Publ. en collab. avec les Éditions de la Fondation de l'entrepreneurship.

ISBN 2-89472-249-4 (Transcontinental)
ISBN 2-89521-074-8 (Fondation)

1. Cadres (Personnel) - Attitudes. 2. Personnel - Direction. 3. Aptitude pour la direction. 4. Psychologie du travail. I. Titre. II. Collection: Entreprendre (Montréal, Québec).

Révision : Lyne Roy
Correction : Mira Cliche
Photo de l'auteur : Paul Labelle Photographe
Mise en pages et conception graphique de la couverture : Studio Andrée Robillard

La forme masculine non marquée désigne les femmes et les hommes.

Imprimé au Canada
© Les Éditions Transcontinental inc.
et Les Éditions de la Fondation de l'entrepreneurship, 2004
Dépôt légal — 2ᵉ trimestre 2005
2ᵉ impression, juin 2005
Bibliothèque nationale du Québec
Bibliothèque nationale du Canada
ISBN 2-89472-249-4 (Transcontinental)
ISBN 2-89521-074-8 (Fondation)

Nous reconnaissons, pour nos activités d'édition, l'aide financière du gouvernement du Canada, par l'entremise du Programme d'aide au développement de l'industrie de l'édition (PADIÉ), ainsi que celle du gouvernement du Québec (SODEC), par l'entremise du programme Aide à la promotion.

Alain Samson

COMMENT DEVENIR UN MEILLEUR BOSS

Les Éditions Transcontinental

fondation de l'entrepreneurship

fondation de l'entrepreneurship

La **Fondation de l'entrepreneurship** s'est donné pour mission de promouvoir la culture entrepreneuriale, sous toutes ses formes d'expression, comme moyen privilégié pour assurer le plein développement économique et social de toutes les régions du Québec.

En plus de promouvoir la culture entrepreneuriale, elle assure un support à la création d'un environnement propice à son développement. Elle joue également un rôle de réseauteur auprès des principaux groupes d'intervenants et poursuit, en collaboration avec un grand nombre d'institutions et de chercheurs, un rôle de vigie sur les nouvelles tendances et les pratiques exemplaires en matière de sensibilisation, d'éducation et d'animation à l'entrepreneurship.

La Fondation de l'entrepreneurship s'acquitte de sa mission grâce à l'expertise et au soutien financier de plusieurs organisations. Elle rend un hommage particulier à ses **partenaires** :

ses **associés gouvernementaux** :

et remercie ses **gouverneurs** :

Raymond Chabot Grant Thornton   praxcim   artopex

Table des matières

Introduction

Comme en font foi les témoignages suivants, que notre titre de fonction soit gérant, contremaître, directeur, superviseur, cadre supérieur, responsable ou tout simplement *boss*, le métier de patron n'est pas de tout repos.

➤ David : « J'étais le meilleur vendeur de l'équipe. Mois après mois, je dépassais mes objectifs et j'éclipsais les autres vendeurs. C'est pour ça qu'on m'a offert la direction du service des ventes. Depuis que j'ai obtenu cette promotion, je m'ennuie. On dirait que ce qui faisait ma force en tant que vendeur nuit maintenant à mon travail de patron. Si je ne devais pas renoncer à mon plus gros salaire et à de nouveaux avantages, je demanderais une rétrogradation demain matin. Avant, au moins, j'avais du plaisir. »

➤ Sylvie : « Ce n'est pas facile de devenir la patronne de ses anciens collègues. Ils mettent en doute mon autorité. Ils se comportent comme si j'occupais encore le même échelon hiérarchique qu'eux et remettent en question mes moindres décisions. Il y a des jours où je confierais volontiers mes responsabilités au premier qui laisse entendre que je ne suis pas à ma place. »

➤ Liam : « J'ai hérité d'une gang de traîne-savates. Ils font le mini-mum pour conserver leurs emplois. J'en ai deux qui répandent des rumeurs à mon sujet et qui ternissent l'image de l'organisa-tion. J'ai demandé un petit budget afin d'engager un motivateur, mais la direction me l'a refusé. »

➤ Isabelle : « Si je pouvais au moins avoir recours à la carotte ou au bâton ! Mais on m'interdit de réprimander les employés ou d'user de mesures disciplinaires parce que la main-d'œuvre com-pétente est rare dans la région et que la rétention du personnel est une priorité. De plus, mon budget pour les récompenses frôle le zéro absolu. Que puis-je faire dans ces conditions ? »

Avant de devenir patrons, David, Sylvie, Liam et Isabelle excellaient dans des postes qui n'impliquaient aucune supervision. C'est d'ailleurs en raison de leur performance qu'on leur a offert des pro-motions. C'est l'idée de la promotion plutôt que ce qu'elle impliquait qui les a incités à accepter un poste comportant plus de responsabi-lités. Finalement, on les a peu préparés à répondre aux exigences de leurs nouvelles fonctions. Ils se sentent démunis.

Il faut les comprendre. Le métier de patron est rempli de paradoxes. Il faut savoir défendre ses employés sans nuire aux intérêts de l'orga-nisation. Il faut se faire apprécier sans devenir trop familier avec ceux qu'on dirige. Il faut « penser client » sans perdre de vue les objectifs de rentabilité établis par la direction et parfois dire aux troupes que tout va bien même si on sait pertinemment qu'il y aura une réduction des effectifs à la fin du mois. Sans compter que l'estime personnelle est souvent ébranlée par le passage d'un emploi dans lequel on excellait à un autre pour lequel on est peu préparé. De plus, un patron ne dispose pas nécessairement des ressources nécessaires à l'atteinte des objectifs qu'on lui a imposés, ce qui le désillusionne rapidement.

Vous reconnaissez-vous dans cette description ou dans les propos de David, de Sylvie, de Liam ou d'Isabelle? Si tel est le cas, ce livre est pour vous. Nous vous y présentons ce qui est nécessaire pour bien comprendre votre raison d'être dans l'organisation et pour relever vos nouveaux défis sans y laisser votre santé mentale ou physique. Vous y découvrirez même que le métier de patron peut être très valorisant.

De quoi sera-t-il question?

Bien que ce livre s'adresse à toutes les personnes responsables de l'encadrement d'employés ou de bénévoles, nous l'avons conçu en pensant à ceux qu'on appelle souvent – et pas toujours affectueusement – les p'tits boss. Un p'tit boss se voit confier des responsabilités liées à l'encadrement du travail d'autrui, sans nécessairement obtenir tous les outils qui lui permettraient de bien accomplir ce travail. Un p'tit boss choisit rarement ses employés; c'est le service des ressources humaines qui s'en occupe. Un p'tit boss ne jouit pas de toute la liberté dont il aurait besoin pour fidéliser ses meilleurs employés. Un p'tit boss se sent souvent tiraillé entre les besoins de ses employés et ceux de son patron.

Pour cette raison, nous ne traiterons pas des tâches normalement dévolues au service des ressources humaines, comme la description de poste ou la façon de mener une entrevue de sélection. Normalement, un p'tit boss doit composer avec les employés qu'on lui a trouvés.

Nous ne traiterons pas non plus des moyens qu'une organisation peut prendre pour soigner son image d'employeur, pour attirer les meilleurs candidats, pour fidéliser ses employés ou pour modifier l'organisation du travail afin d'améliorer la satisfaction de la main-d'œuvre. De toute façon, un p'tit boss a rarement son mot à dire sur ces sujets.

Nous ne traiterons pas du développement des compétences en communication, de l'importance du travail d'équipe, de la résolution de problème et du développement de l'esprit d'équipe. Ces thèmes font l'objet d'autres livres.

Nous nous limiterons au champ d'action des « p'tits boss » en vous proposant des outils de gestion que vous pourrez utiliser sans demander la permission à vos patrons ni mendier des ressources supplémentaires. En terminant votre lecture, vous :

• comprendrez votre raison d'être dans l'organisation ;

• serez un meilleur leader ;

• saurez améliorer le moral de vos troupes ;

• pourrez améliorer la productivité de votre service ;

• saurez faire face aux employés difficiles ;

• déléguerez plus facilement ;

• saurez faire grandir votre influence auprès de la direction ;

• assurerez une meilleure gestion quotidienne ;

• aurez plus de plaisir au travail ;

• saurez aider vos employés à s'améliorer ;

- saurez surmonter une réduction d'effectifs sans y laisser votre crédibilité ;

- pourrez décider si ce travail est fait pour vous.

Quoi que vous en pensiez, vous avez toujours le choix. Vous pouvez être le patron pour qui on se dépasse ou celui pour qui on en fait le moins possible. Le problème, c'est qu'on ne vous a pas préparé aux particularités du poste que vous occupez. Il est maintenant temps de découvrir la chance que vous avez de jouer un rôle aussi important dans votre organisation.

1 > Ai-je ce qu'il faut ?

La direction d'une organisation qui part à la recherche de candidats pour occuper un poste de supervision commet fréquemment cette erreur : le chercher parmi ses employés qui affichent la meilleure performance dans un poste situé à un échelon inférieur. Par exemple, pour combler un poste de directeur des ventes, on sélectionnera le vendeur dont la performance est actuellement la meilleure.

Or, les caractéristiques à la base du succès d'un vendeur ne garantissent nullement sa réussite dans un poste de supervision. Ce n'est pas uniquement sur la base de sa performance actuelle qu'il faut évaluer un candidat, mais bien sur la base de son potentiel (voir le livre *Vos futurs leaders*).

Dans ce chapitre, vous verrez à quoi sert un p'tit boss dans une organisation, mais vous vous demanderez auparavant si ce statut vous convient.

Les 11 principales qualités du leader

Voici la liste des 11 principales caractéristiques du superviseur performant qui apprécie son travail. Notez celles dans lesquelles vous vous reconnaissez et attribuez-vous un point pour chacune d'elles. Vous vous retrouverez, à la fin de cette section, avec une note maximale de 11.

1. L'ouverture aux autres

Les autres personnes vous intéressent-elles ? Avez-vous une certaine facilité à deviner comment elles se sentent ou ce à quoi elles pensent ? Il est très difficile de devenir un bon patron si nos collègues nous indiffèrent. Pour mobiliser une équipe, il faut se préoccuper du bien-être de chacun de ses membres. Comme nous le verrons plus loin, cette qualité est nécessaire à l'instauration d'un climat de confiance.

2. La capacité d'écoute

Êtes-vous capable d'écouter les autres vous faire part de leurs préoccupations ? Avez-vous plutôt tendance à profiter de ces moments pour penser à votre dîner ou pour préparer votre réponse ? Un bon leader sait écouter.

3. Une vision positive de ses subalternes

Quelle opinion avez-vous des gens que vous devrez encadrer ? Si, d'entrée de jeu, vous les considérez comme des moins que rien, vous aurez de la difficulté à les mobiliser. Vous devriez tout naturellement donner la chance au coureur et supposer que chacun veut se réaliser dans son travail.

4. Le désir de faire avancer les choses

Un bon patron ne perd pas de vue les objectifs qu'on lui a fixés et saisit toutes les occasions d'inciter ses troupes à l'action. Pour lui, une bonne journée de travail est celle qui rapproche son équipe de son objectif final.

5. Le désir d'apprendre

Tout leader qui veut être accepté comme tel par ses troupes est en apprentissage continu. Les employés ne voudront pas suivre un leader jugé incompétent. Votre étoile de dirigeant perdra rapidement son lustre si vous négligez de vous renseigner sur ce qui se passe dans votre industrie et dans votre organisation.

6. Le désir de partager son savoir

Il ne suffit pas d'être compétent pour mener des troupes. Il faut également faire en sorte que chaque membre de son équipe voit ses compétences grandir au fil du temps. En effet, un bon patron doit aujourd'hui s'assurer de l'employabilité de ses troupes. L'époque des emplois à vie est révolue. Le moins que vous puissiez faire est de vous assurer que chaque employé, s'il est un jour mis à pied, sera en mesure de se trouver rapidement du travail ailleurs. Celui qui refuse de partager son savoir de crainte de voir son pouvoir relatif diminuer fait rarement un bon patron.

7. La capacité de prendre des décisions

La vie dans une organisation n'est pas un long fleuve tranquille. Des crises et des imprévus surviennent régulièrement. Des employés oublient de se présenter au travail. Des clients demandent des traitements de faveur. Les priorités de vos propres patrons peuvent changer subitement.

Celui qui a tendance à figer quand survient un imprévu a de la difficulté à assumer son rôle de patron sans y laisser sa santé ou son estime de soi. Êtes-vous capable de virer sur un 10¢ et de prendre les décisions qui s'imposent au moment où elles s'imposent ?

8. Une façon positive d'entrevoir les difficultés

Comment réagissez-vous quand une situation difficile se présente ? Pour faire face à une crise, certains partent à la recherche d'une solution tandis que d'autres partent à la recherche d'un coupable. Dans quel groupe vous situez-vous ?

Si vous souhaitez que vos employés restent mobilisés, il vaut mieux faire partie du premier groupe. Pour résoudre une crise, c'est une solution qu'il faut trouver ; il ne sert à rien, à chaud, de trouver quelqu'un à engueuler pour le simple plaisir de se défouler.

9. La capacité de réprimander les délinquants

Comment réagissez-vous quand une situation exige que vous confrontiez quelqu'un ? Imaginez que vous ayez à dire à un employé que son rendement est tellement au-dessous de la moyenne qu'il doit quitter l'entreprise. Comment vous sentiriez-vous ? Certains sont en mesure de s'acquitter de cette tâche, tandis que pour d'autres, la seule idée d'avoir à affronter un employé est génératrice d'insomnie et d'angoisse. Ces derniers, qui ont aussi tendance à reporter la confrontation avec un employé au comportement délinquant ou insatisfaisant, ont souvent de la difficulté à s'acquitter de toutes leurs responsabilités de patron.

10. Un certain esprit de sacrifice

Peut-être avez-vous idéalisé le travail de supervision en vous disant qu'un patron travaille moins, a moins de problèmes, est mieux payé et se casse moins la tête que les simples employés. Préparez-vous à quelques déceptions.

Un certain esprit de sacrifice est nécessaire pour bien jouer son rôle de patron. Vous devrez annoncer et mettre en vigueur des directives avec lesquelles vous ne serez pas toujours d'accord. Vous aurez peut-être à composer avec des valeurs que vous ne partagez pas. Vous devrez souvent travailler des heures supplémentaires qui ne seront pas toujours payées. Vous vous ferez à l'occasion critiquer pour des problèmes dont vous n'êtes pas responsable et vous aurez peut-être à mettre à pied vos amis.

Le rôle de patron n'est pas toujours de tout repos, mais il procure de grandes satisfactions. Vous aiderez chacun de vos employés à découvrir ce qu'il y a de meilleur en lui, vous contribuerez au succès de votre organisation et vous prendrez conscience de forces qui ne demandent qu'à éclore en vous.

11. Une vision systémique

Pour bien gérer un service dans une organisation, il faut situer ce service dans le système organisationnel. Il ne sert à rien de trouver des moyens d'améliorer la production de votre service si vous nuisez à celle des autres unités. Il ne sert à rien non plus, pour augmenter votre productivité, d'aller chiper un employé clé dans un autre service si l'organisation y perd en bout de ligne. Un bon patron sait comment son service s'imbrique dans l'organisation et comment, sur une plus vaste échelle, l'organisation s'imbrique dans la société. Nous y reviendrons dans le prochain chapitre.

Et puis, quel score avez-vous atteint? Plus votre résultat se rapproche de 11, plus vous avez de chances de vous réaliser dans votre rôle de patron. Cela ne se fera pas tout seul, mais vous avez de bonnes dispositions.

Quel que soit votre score, ne lancez pas tout de suite la serviette. Vous aurez l'occasion, tout au long de la lecture de ce livre, de développer les compétences qui vous font défaut. Et si vous ne vous sentez toujours pas à l'aise dans le rôle de patron, vous verrez en conclusion les actions à entreprendre.

Mes responsabilités

Accepter un rôle de patron, c'est accepter un lot de responsabilités. Il est important que vous ayez conscience de toutes ces responsabilités parce qu'elles serviront de critères pour évaluer votre performance.

Votre promotion ne vous confère pas l'immunité, bien au contraire. Être un patron, c'est dans un premier temps accepter toutes les responsabilités associées au rôle d'employé, dont celles d'être ponctuel, de bien s'acquitter de sa tâche, d'être loyal envers l'organisation, etc. Le mauvais employé fera nécessairement un mauvais patron. Mais il y a plus. Le patron est responsable de son équipe.

Voici, présentées comme autant de défis, les 12 responsabilités supplémentaires que vous devrez assumer en tant que patron.

1. *Le défi de la qualité.* Peu importe le milieu dans lequel vous travaillez, votre équipe doit livrer un produit ou un service de qualité qui saura satisfaire la clientèle, que celle-ci soit interne ou externe. Vous avez failli à la tâche quand la qualité de votre production chute en deçà des standards établis.

2. *Le défi de la productivité.* S'il a été établi que votre équipe de nettoyage doit venir à bout de quatre maisons par quart de travail, il est de votre responsabilité que cet objectif soit atteint. Si on vous a demandé de produire 125 housses à l'heure, la responsabilité d'atteindre ce standard vous incombe. C'est à vous de mobiliser votre équipe et de planifier le travail afin que ce deuxième défi soit relevé.

3. *Le défi de la rétention du personnel.* Le marché du travail est en pleine mutation. Il y a maintenant plus de travailleurs qui prennent leur retraite que de personnes qui veulent se trouver un emploi. De plus, les chercheurs d'emploi sont de plus en plus nombreux à privilégier leur qualité de vie et à chercher un poste à temps partiel. Ce nouveau phénomène encourage les organisations à faire du maraudage. À titre de patron, vous devez donc vous assurer que vos employés sont suffisamment heureux dans l'organisation pour décliner les offres des concurrents.

4. *Le défi de la sécurité au travail.* Un accident de travail prive votre organisation d'un employé tout en créant des tensions administratives et financières. Il est de votre devoir de tout faire (entretien préventif, organisation du travail, formation, etc.) pour réduire les risques d'accident.

5. *Le défi de la relève.* Les employés vieillissent, deviennent malades, partent pour relever d'autres défis. En tant que patron, assurez-vous que votre service ne se retrouvera pas en situation de crise si un employé quitte l'entreprise sans préavis. Vous devez prévoir des remplaçants pour chaque poste. Pour plus d'information à ce sujet, lisez *Vos futurs leaders : les identifier, les former.*

6. *Le défi de l'amélioration continue.* Un groupe de travail efficace ne se contente pas de faire bêtement les tâches qu'on lui a confiées. Il se questionne et tente de trouver des moyens d'améliorer les

processus ou le produit final. Comme patron, vous devez encourager chaque employé à faire preuve de créativité et à trouver des façons d'améliorer la performance du groupe.

7. *Le défi de la confiance.* Si vos employés ne vous font pas confiance, vous n'atteindrez pas vos objectifs. Il vous revient d'instituer un climat de confiance dans votre service. Vous verrez comment y arriver au chapitre 4.

8. *Le défi de l'ambiance de travail.* Un groupe baignant dans une ambiance positive est généralement plus performant (moins de congés de maladie, meilleure productivité, moins de griefs, etc.) qu'un groupe de travail qui vit de l'amertume, de la crainte et du ressentiment. Vous pouvez améliorer le climat qui règne dans votre service. Vous découvrirez comment au chapitre 4.

9. *Le défi de la formation.* Relever le défi de la formation, c'est créer un environnement propice à l'apprentissage. C'est encourager l'initiative, même si l'échec est possible. C'est finalement encourager les employés les plus prometteurs à développer leur plein potentiel, même si cela implique qu'ils quitteront tôt ou tard votre service pour se retrouver ailleurs. L'employé qui a besoin de formation ou qui ignore ce qu'on attend de lui sera peu productif, et vous en serez responsable.

10. *Le défi de la promotion.* Vous avez la responsabilité de veiller à la réputation de votre service et, du même coup, à la réputation de vos employés. Faites connaître vos bons coups. Racontez aux autres superviseurs comment vous avez su faire face à une crise. Expliquez pourquoi un manque de ressources vous a fait prendre du retard. Vous êtes responsable des « relations publiques » de votre service. Cela vaut également pour les accomplissements individuels de vos employés. Si l'un d'entre eux est particulièrement performant et qu'il est surqualifié pour les tâches que vous

lui confiez, faites-en la promotion dans l'organisation afin qu'on lui offre un poste à sa mesure. Vous aurez bien entendu à le remplacer, mais vous y gagnerez sur les plans individuel et organisationnel ; en effet, son nouveau patron vous sera redevable et la direction verra que vous faites passer les intérêts de l'organisation avant ceux de votre service.

11. *Le défi de la médiation.* Tôt ou tard, vous serez témoin de frictions dans votre service. Si ces frictions nuisent à la productivité, vous devrez vous en mêler et jouer un rôle de médiateur. Vous aurez alors besoin des conseils que nous vous présentons au chapitre 6.

12. *Le défi des revendications.* Il peut arriver que votre organisation vous impose des objectifs sans vous fournir les ressources (financières, techniques, etc.) pour que vous les atteigniez. Si vous ne faites pas connaître vos besoins, votre service subira un échec qui entachera la réputation de vos employés. Il peut également arriver qu'un de vos employés soit traité injustement. Vous devez alors le défendre et vous assurer que toute votre équipe est traitée avec équité. Faites des démarches, défendez celui qu'on a injustement traité, exigez des délais plus longs ou l'allocation de ressources supplémentaires. Faites quelque chose !

Sans doute avez-vous remarqué que certains de ces défis sont parfois incompatibles. Par exemple, si un employé empoisonne le climat de travail, vous lui indiquerez la porte pour relever le défi de faire régner une saine ambiance. Mais qu'en est-il du défi de la rétention ? En fait, il faut ici adopter un point de vue systémique. En retirant une pomme pourrie, vous améliorez le climat général de travail et vous favorisez la rétention des employés qui restent. Vous faites d'une pierre deux coups.

Entre l'arbre et l'écorce

En tant que p'tit boss, tôt ou tard, vous vous sentirez tiraillé entre votre appartenance à l'organisation et votre attachement à votre équipe de travail. Les deux exemples suivants illustrent bien ce dilemme.

➤ Ibrahim : « Tous les employés sont censés se présenter à l'heure, mais Julie éprouve présentement des problèmes de couple et c'est devenu une amie. Je ne peux tout de même pas lui imposer des sanctions disciplinaires parce qu'elle est en retard un jour sur deux ! Il faut rester humain. »

➤ Lynda : « Ma patronne m'a annoncé qu'elle ne tolérerait plus les appels personnels au travail. Je sais que certains de mes employés appellent souvent à la maison pendant les heures de bureau, mais ce sont mes employés les plus performants ! Je ne veux pas devenir une policière et nuire au climat de travail. »

Que peuvent faire Ibrahim et Lynda ? Ibrahim devrait-il renoncer à son amitié pour Julie ? Lynda devrait-elle se rendre coupable d'insubordination ?

Si Ibrahim fait des passe-droits pour aider Julie, il sera accusé de favoritisme. Il se mettra à dos ses employés, le travail d'équipe en souffrira et il aura peu d'autorité s'il veut ramener à l'ordre les autres retardataires.

Pour préserver leur amitié, Ibrahim devra présenter à Julie les faits tels qu'ils sont : « Je ne peux pas faire semblant de ne pas remarquer tes retards. S'il t'est impossible d'arriver à l'heure, nous pourrions revoir ton horaire. Mais ne me demande pas de fermer les yeux, ce serait injuste pour les autres. »

Quant à Lynda, si elle fait fi de la directive émanant de sa patronne, elle se rend passible de mesures disciplinaires et elle fait courir le même risque à ses employés. Elle a deux choix : négocier avec sa patronne une consigne moins rigide ou l'annoncer de la façon la plus adroite possible. Dans ce dernier cas, il est utile de suivre ces cinq étapes.

1. Annoncer la consigne telle qu'elle a été rédigée.

2. Expliquer pourquoi cette consigne s'est imposée, en s'en tenant aux faits et sans attaquer personne.

3. Encourager chaque employé à présenter son point de vue sur le sujet et noter les arguments de chacun.

4. S'engager à faire part de ces arguments à la direction.

5. Demander la coopération de chacun dans l'application de la nouvelle consigne.

Vous conserverez le respect de vos employés si vous leur annoncez les nouvelles règles telles qu'elles ont été formulées et si vous écoutez les points de vue de chacun. Le respect attire le respect.

• • •

Que répondriez-vous si on vous proposait de relever le défi suggéré par le titre de ce livre ? Hésiteriez-vous ? Vous sentiriez-vous dans *Mission : impossible* ?

J'espère que je n'ai pas trop fait naître le doute dans votre esprit. Le métier de boss (ainsi que celui de p'tit boss) peut être à la fois passionnant et valorisant. De plus, il est possible de devenir un meilleur boss. C'est ce que vous découvrirez dans le prochain chapitre.

2 > *Comment devenir un meilleur boss*

Rappelez à votre souvenir le pire patron que vous avez eu au cours de votre carrière. Celui pour qui vous en faisiez le moins possible, celui pour qui vous auriez refusé de travailler une minute de plus que votre horaire normal, au risque même de compromettre le bon fonctionnement de l'organisation. Notez sur une feuille les raisons pour lesquelles vous aviez cette attitude à son égard.

Rappelez-vous maintenant le meilleur patron que vous ayez eu. Celui pour qui vous étiez toujours prêt à vous dépasser, celui pour qui vous faisiez volontiers des heures supplémentaires afin de contribuer au succès de l'équipe. Inscrivez sur la même feuille les raisons pour lesquelles vous aviez cette attitude à son égard, puis répondez aux questions suivantes.

• Sous la direction de quel patron faisiez-vous un travail de meilleure qualité?

• Sous la direction de quel patron le travail vous semblait-il le plus facile à exécuter?

- Sous la direction de quel patron aviez-vous le plus de facilité à vous lever le matin ?

- Sous la direction de quel patron vous sentiez-vous le plus engagé dans l'atteinte des objectifs organisationnels ?

Et vos employés, vous perçoivent-ils comme le pire ou comme le meilleur patron qu'ils aient eu au cours de leur carrière ? C'est une question capitale parce que, comme vous venez d'en faire la démonstration, la qualité du travail accompli, le plaisir ressenti au travail, l'envie de se rendre au boulot et le degré d'implication de chaque employé dépendent en grande partie de son attitude à l'égard de son supérieur. Si vos employés vous apprécient, votre service affichera une meilleure productivité et vous serez en mesure de relever les 12 défis présentés au chapitre précédent.

Mais comment se faire apprécier ? En amusant la galerie ? En accordant des privilèges aux employés ? Pas du tout. Pour se faire apprécier davantage en tant que gestionnaire, il suffit de devenir un meilleur gestionnaire.

Ce chapitre vous indique des pistes pour y arriver. Nous y reprenons la classification des types de patron telle qu'elle a été présentée dans *Gérez votre patron*, un livre de la collection S.O.S. BOULOT.

Suis-je un patron de type N ou de type P ?

Comment-vous y prenez-vous quand vient le temps de présenter une nouvelle politique à vos employés ? Êtes-vous du genre à la présenter en vous assurant qu'elle soit bien comprise et en expliquant pourquoi vous l'endossez ? Prenez-vous le temps d'expliquer pourquoi elle a été adoptée et en quoi elle revêt de l'importance ? Ou vous contentez-vous de la lire (ou de simplement l'afficher) en expliquant que « ça vient du siège social » et que ça vous est également imposé ?

Dans le premier cas, vous donnez l'impression que vous savez où vous allez tandis que dans le second, vous devenez une simple courroie de transmission entre la haute direction et les gens que vous supervisez. L'effet que vous produirez ne sera pas le même dans les deux cas. Un exemple nous permettra de l'illustrer.

Supposons un instant que des employés discutent entre eux après que vous leur avez annoncé la nouvelle politique interne sur le harcèlement psychologique. Selon vous, leurs propos ressembleraient davantage à la première ou à la deuxième de ces citations ?

➤ « J'ignorais à quel point le harcèlement pouvait être dommageable, à la fois pour la victime et pour l'organisation. Il était temps qu'une telle politique soit implantée. »

➤ « Sait-il au moins de quoi il parle ? L'as-tu vu lire la politique mot à mot, comme s'il n'avait pas pris connaissance du texte à l'avance ? Et qu'il ait autant insisté sur le fait que la politique émanait du siège social me donne à penser qu'il n'y croit pas... »

Quand ils vous regardent, vos employés se demandent si vous savez où vous vous en allez. S'ils pensent que vous le savez, ils vous apposeront l'étiquette de **navigateur**, ou **type N**. S'ils croient que vous l'ignorez, ils vous apposeront l'étiquette de **perdu**, ou **type P**.

Dans une PME, les employés considèrent dangereux de travailler pour un patron de type P parce que, ne sachant trop ce qu'il fait, il risque tôt ou tard de frapper un mur et de nuire à son entreprise. En travaillant pour un patron de type P, les employés se savent en danger.

Dans les grandes organisations, un seul patron de type P ne peut suffire à faire péricliter l'entreprise, mais les employés savent qu'un service géré par un type P sera toujours moins performant et que leur réputation risque d'être entachée. Les employés qui travaillent pour un patron de type P sont moins motivés et ils n'hésiteront pas à accepter un emploi ailleurs.

Le pire, c'est qu'il s'agit souvent d'une perception. Vous avez beau savoir où vous vous en allez, si les employés décident que ce n'est pas le cas, vous devrez vous contenter du rendement réservé à un patron de type P.

La bonne nouvelle, c'est que vous pouvez devenir un navigateur, un patron de type N. Cinq outils – les outils N – vous permettront d'y arriver.

Outil N-1 : la compétence

Vous ne mériterez jamais l'étiquette de patron de type N si vous ne passez pas pour compétent aux yeux de ceux que vous encadrez. Nul ne peut être un bon patron s'il semble incompétent. Voici les principaux indices auxquels se fient vos employés pour déterminer si vous êtes ou non compétent.

1. *Votre espace de travail*

A-t-on l'impression, en visitant votre espace de travail, que vous êtes suffisamment compétent pour occuper ce poste ? Votre espace de travail ressemble-t-il à celui des patrons les plus respectés dans votre organisation ? Faites une analyse comparative et adaptez votre environnement en conséquence. Dans certains milieux de travail, la présence d'un diplôme au mur est bien vue, tandis que dans d'autres elle passe pour prétentieuse. Votre ordinateur ne devrait jamais afficher une partie de *Solitaire* ou un site Internet douteux. Les dossiers réglés ne devraient plus encombrer votre bureau. Le journal vous sert à rester informé ; réservez les mots croisés pour la maison. Et n'allez pas croire que j'exagère. La navigation dans Internet est une activité hypnotique dans laquelle il est facile de se perdre. Je le vérifie régulièrement.

2 > COMMENT DEVENIR UN MEILLEUR BOSS

2. Vos affiliations

Si vous êtes cadre supérieur et que vous faites partie de l'Association des MBA du Québec (AMBAQ), il est de bon ton d'afficher votre preuve d'appartenance dans votre espace de travail. Il en va de même si vous faites partie de l'Ordre des ingénieurs ou de tout organisme dont l'adhésion nécessite des compétences minimales.

3. Votre intérêt pour la formation

Le monde change. Les technologies et les marchés évoluent. La compétence s'entretient. Pour rester compétent, il faut s'investir dans des activités de formation continue et c'est loin d'être un signe d'incompétence d'avouer ses besoins de formation. Chez les conseillers financiers, par exemple, la formation continue est essentielle et celui qui ne compte pas suffisamment d'unités de formation continue dans une année risque de perdre sa licence. Faites connaître la cause de votre absence si vous participez à une journée de formation. Laissez traîner sur votre bureau le livre que vous étudiez actuellement pour mieux comprendre ce qu'est un PDP (pour « programme de développement de produit » – une démarche qui permet d'améliorer le rendement des activités de développement de nouveaux produits dans une usine). On doit savoir que vous prenez vos fonctions au sérieux.

4. Votre vocabulaire

Si vous dirigez une chaîne de production, vous devriez connaître le vocabulaire qu'utilisent vos employés. Si vous parlez de « l'affaire », de « la patente » ou de « la machine », vos gens risquent de se demander de quoi vous parlez vraiment. Il en va de même si vous gérez une équipe de vente ou un service gouvernemental. Vous établirez une bonne relation professionnelle si vous utilisez un vocabulaire de néophyte avec les néophytes et un vocabulaire de spécialiste avec les spécialistes. Mais pour ce faire, vous devez maîtriser ce vocabulaire.

5. Vos outils de travail

Un directeur des ventes doit jongler quotidiennement avec des listes de prix, des rapports d'inventaire et des calendriers de production. Le fait de ne pas maîtriser un seul de ces outils de travail le fera automatiquement passer pour incompétent. Y a-t-il des outils que vous devriez maîtriser ? Si oui, créez un plan d'action afin de combler cette lacune dans les plus brefs délais.

6. Votre comportement

Certaines qualités, comme la ponctualité, le professionnalisme, le souci du détail, la capacité de dire non, etc., peuvent faire grandir votre compétence aux yeux de ceux qui vous côtoient chaque jour. À l'opposé, certains comportements vous feront paraître moins compétent, dont les suivants :

- la consommation d'alcool ou de drogue sur les lieux de travail ;

- les colères ;

- le flirt avec des membres de l'organisation ;

- le dénigrement de la haute direction.

7. Votre assurance

De nombreux indices permettent à vos troupes de constater si ce poste vous convient ou si vous chaussez des souliers trop grands pour vous. Les employés sont capables de sentir votre inconfort quand les événements vous dépassent. Voici quelques attitudes à adopter pour laisser voir votre assurance et paraître plus compétent aux yeux d'autrui.

- Votre démarche doit être décidée, non pas hésitante.

- Votre visage doit témoigner de la confiance, non pas de la crainte.

- Vos contacts visuels doivent être fréquents ; autrement, on croira que vous avez des choses à cacher.

• Votre poignée de main doit être ferme, sans devenir un étau.

• Votre voix doit être posée, non pas chevrotante.

• Votre posture doit être droite.

Finalement, la compétence implique la capacité d'avouer son igno-rance. Ce n'est pas faire preuve d'incompétence d'avouer à un employé que vous ignorez la réponse à sa question, que vous allez la trouver et lui en reparler plus tard. À l'opposé, répondre n'importe quoi en espérant que votre interlocuteur gobera une réponse évasive est une preuve d'incompétence.

Vous avez le pouvoir d'accroître votre compétence aux yeux des employés que vous dirigez. Pour ce faire, identifiez vos points faibles et établissez un plan d'action pour vous améliorer.

Outil N-2 : la vision

Même si vous êtes compétent, il n'est pas très stimulant de vous suivre si vous n'avez aucune idée de la destination vers laquelle diriger vos troupes. Les gens ont besoin de savoir qu'ils investissent leurs efforts dans des activités qui ont du sens. Si vous ne développez pas une vision, vous êtes condamné à gérer à la petite semaine, en réagissant aux crises sans tenter d'innover ou d'améliorer la qualité du travail.

Vous vous dites peut-être que c'est à la haute direction de développer une vision et vous avez raison. La haute direction de votre organisa-tion doit **partager sa vision**. Votre tâche à vous consiste à l'appliquer à votre service ou à votre unité de travail.

Pour y arriver, vous procéderez en deux temps. Dans un premier temps, vous développerez une vision systémique en utilisant le graphique suivant comme outil de départ.

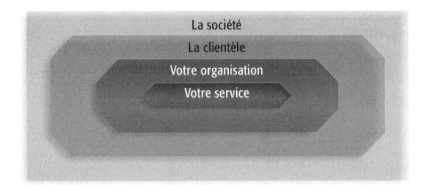

Commençons par la société, ce grand cadre dans lequel on retrouve la clientèle que votre organisation sert, votre organisation et le service que vous dirigez. Qu'est-ce que procure votre organisation à la société ? Les plus récents rapports annuels, le site Web ou la documentation publiée par ou sur votre organisation peuvent vous éclairer, tout comme l'énoncé de la mission de votre entreprise.

Votre organisation devrait apporter quelque chose de positif à la société. Si ce n'est pas le cas, trouvez un emploi ailleurs. Voici quelques exemples de réponses à la question : « Qu'est-ce que procure votre organisation à la société ? »

➤ Un responsable de l'expédition : « Notre fromagerie procure du travail à 125 personnes à Saint-Louis et verse une taxe d'affaires importante pour le budget municipal. »

➤ Un responsable de la sécurité : « Grâce à notre organisation, le traitement du sida est maintenant facilité partout dans le monde. Des millions de personnes ont recommencé à vivre normalement grâce aux molécules conçues dans nos laboratoires. »

➤ Un chef boucher : « Grâce à notre supermarché, les citoyens de Saint-Nicéphore peuvent s'approvisionner sans perdre de temps dans les bouchons de circulation à Drummondville. »

Remarquez que la mission de votre organisation dépasse le cadre de la mission que vous devrez trouver pour votre service. Ce n'est pas le responsable de l'expédition qui crée des emplois, pas plus que le responsable de la sécurité n'a découvert de molécule. Mais en s'associant à la mission organisationnelle, ils donnent à leur emploi un nouveau sens, un sens plus grand et plus valorisant.

Alors, qu'est-ce que procure votre organisation à la société ? Ne vous limitez pas à la première réponse qui vous viendra à l'esprit ni à une seule si vous êtes inspiré. Demandez-vous également ce que perdrait la société si votre entreprise disparaissait. Fouillez. Découvrez.

Quand vous en saurez assez sur les liens unissant votre organisation et la société, penchez-vous sur les relations de votre organisation avec sa clientèle. Pour ce faire, répondez aux questions suivantes :

1. Que gagnent les clients qui font affaire avec votre organisation ?

2. Quel bénéfice tirent-ils de votre produit ou service ?

3. Que perdraient-ils si votre organisation fermait ses portes ?

Pour répondre à ces questions, vous devrez tout d'abord vous demander qui sont les clients de votre organisation. Ce ne sont pas nécessairement les utilisateurs du produit ou du service que vous offrez. Le client d'un fabricant de matelas, par exemple, n'est pas le consommateur mais bien le détaillant qui vend les matelas. Le client de la compagnie pharmaceutique est le pharmacien qui, lui, a le consommateur comme client.

Il faut se rappeler que ce n'est pas un produit mais bien un bénéfice que les clients achètent. Celui qui se procure un médicament n'achète pas un médicament mais plutôt sa guérison ou, du moins, le soulagement de ses symptômes.

> ➤ Le responsable de l'expédition : « Nous avons deux types de clients : les consommateurs qui viennent s'approvisionner directement à la fromagerie et les détaillants en alimentation de la région. Nous offrons aux consommateurs la possibilité de faire rouler l'économie locale et de s'alimenter avec des produits frais de qualité. Les détaillants y trouvent quant à eux une occasion d'augmenter leur achalandage et de faire grimper leurs profits. »

> ➤ Le responsable de la sécurité : « Grâce à notre entreprise, les pharmaciens peuvent mieux aider leur clientèle et les établissements de santé peuvent contrer les méfaits du sida. »

> ➤ Le chef boucher : « Nous permettons à nos clients de mieux nourrir leur famille, et à meilleur prix. »

Prendre conscience des bénéfices que votre organisation rapporte à sa clientèle et à la société en général devrait vous rendre encore plus fier d'en faire partie.

Toutefois, votre organisation ne détient probablement pas un monopole, si bien que vos clients pourraient s'approvisionner ailleurs. Trouvez l'information qui vous permettra de répondre aux questions suivantes. Votre supérieur devrait pouvoir vous aider.

1. Qui sont vos principaux concurrents ?

2. Quel est votre principal avantage concurrentiel ?

3. Quelles sont les principales menaces qui planent actuellement sur votre organisation ?

4. Quels sont les prochains défis que devra relever votre organisation ?

5. Quels sont les projets en cours de réalisation ?

6. Quelles sont les valeurs les plus ancrées dans votre organisation ?

7. Quelles sont les prochaines clientèles que votre organisation tentera de conquérir ?

Voilà, vous savez maintenant ce que votre organisation rapporte à la société en général et à votre clientèle en particulier. Vous savez également que votre entreprise n'est pas éternelle et qu'elle survit dans un climat des plus concurrentiels. Vous pouvez résumer les principaux défis auxquels elle devra faire face dans les prochaines années. Vous êtes maintenant prêt à passer à la dernière zone du graphique de la page 34.

Alors, en quoi le service que vous dirigez aide-t-il votre organisation à accomplir sa mission ? Prenez votre temps pour formuler une réponse complète et notez-la. Voici quelques exemples de réponses.

➤ Un responsable de l'expédition : « Parce que le principal critère d'achat des consommateurs est la fraîcheur, le service de l'expédition est essentiel au succès de la fromagerie. Si la date de fabrication d'un produit concurrent est plus récente, c'est ce produit que le consommateur achètera. L'efficacité de notre service préserve les emplois de 125 personnes. »

➤ Un responsable de la sécurité : « Ce qui fait la force de notre organisation, c'est son savoir. Ne vous imaginez pas que l'espionnage industriel n'a cours que dans les films. Les recherches qui ont lieu ici sont hautement secrètes et coûtent des fortunes. En gérant l'accès aux installations et la sécurité du personnel, nous préservons l'existence même de l'entreprise. »

➤ Un chef boucher : « Notre supermarché a beau être le seul à 8 km à la ronde, les clients le déserteront s'ils n'y trouvent pas une viande de qualité. Mais il y a plus. En préparant les coupes recherchées par la clientèle et en offrant des quantités qui correspondent à ses besoins, nous élargissons le pouvoir d'attraction de l'établissement. Si je vous disais que, grâce à notre boucherie, des consommateurs font jusqu'à 20 km pour venir faire leur marché ici ? »

Ces trois personnes bombent le torse quand elles présentent la raison d'être de leur service. Le résultat aurait été différent si la première s'était contentée de dire qu'elle mettait le fromage dans des boîtes puis dans le camion, la deuxième, qu'elle surveillait l'entrée de l'immeuble ou la troisième, qu'elle coupait de la viande. Dégager une vision, c'est trouver un sens à son travail.

Vous devez ensuite préciser votre vision en la projetant dans le futur et en considérant plus particulièrement la clientèle de votre service. Pour ce faire, vous aurez peut-être besoin de l'aide de votre supérieur. Ensemble, trouvez les réponses aux questions suivantes.

1. Quel est l'avenir de votre service ? Est-il appelé à grandir ou à disparaître ?

2. Des innovations technologiques sont-elles en vue ?

3. Qu'adviendra-t-il du nombre d'employés dans les années à venir ?

4. Quels sont les principaux défis qui vous attendent, vous et votre équipe ?

5. Qui sont les clients de votre service ?

La clientèle de votre service n'est probablement pas la même que celle de votre organisation. Il faut ici distinguer le client externe du client interne. Le client interne fait partie de l'organisation, contrairement au client externe.

Dans une usine, par exemple, les clients du service des achats pourront être l'équipe de production et la direction générale. Le client de l'équipe d'assemblage sera l'équipe chargée du sablage et de la finition. Les clients internes de l'équipe des ventes seront issus des services de la comptabilité et des achats, où l'on traite les factures.

Dans certains cas, les employés d'un service ont à la fois des clients internes et externes. Par exemple, la guichetière d'un cinéma entre en contact avec les clients externes – qui viennent voir un film – et un client interne, soit la préposée chargée de déchirer le billet et de diriger la clientèle vers la bonne salle. Si la guichetière fait mal son travail, le client interne aura de la difficulté à satisfaire le client externe.

Il est important d'identifier vos clients internes. Toutes les modifications que vous apporterez à la structure du travail dans votre service risquent d'avoir des répercussions importantes sur leur propre travail. Vous pouvez très bien trouver une façon d'économiser 5¢ par unité produite, mais si cette économie fait grimper les coûts de 10¢ l'unité dans le service de votre client interne, l'organisation en sortira perdante.

De la même manière, vous devez identifier vos fournisseurs internes ou externes. Ces partenaires peuvent vous aider à trouver des manières de mieux faire les choses dans votre service. Par exemple, le directeur de la production d'un fabricant de matelas a fait grimper la productivité de son service en suggérant à son fournisseur de modifier l'emballage de son produit. Dans un univers où la concurrence est féroce, il ne faut pas laisser en plan les bonnes idées.

Il vous reste à mettre par écrit votre vision du service que vous gérez. Vous le ferez en intégrant les renseignements glanés jusqu'ici. L'encadré suivant suggère une structure de rédaction, que vous adapterez au besoin à votre situation. J'y ai également joint la première ébauche d'un exemple type.

NOM DE L'ORGANISATION
NOM DU SERVICE
Date

1. Raison d'être de l'organisation

2. Raison d'être du service

3. Clients du service

4. Valeurs animant le service

5. Ce que les membres du service doivent faire pour relever les défis auxquels ils font face

MEUBLES SAINT-LOUIX
Service après-vente
18 octobre 2005

1. Meubles Saint-Louix est un détaillant de meubles offrant à la communauté de Saint-Louix un vaste choix de meubles et d'appareils électroménagers correspondant aux goûts de celle-ci.

2. Le service après-vente s'assure de la satisfaction de la clientèle à la suite d'une livraison et gère diligemment les plaintes des clients.

3. Notre premier client est le consommateur; nous souhaitons lui donner une image positive de notre organisation. Mais nous avons également d'autres clients : l'organisation elle-même, dont nous assurons à notre manière la pérennité, les vendeurs, qui peuvent se concentrer sur les tâches en cours parce qu'ils savent que les dossiers de réclamation sont bien menés et les fournisseurs dont nous préservons la réputation.

4. Les valeurs animant ce service sont l'intégrité, le souci de satisfaire nos clientèles et la recherche d'équité.

5. Pour relever les défis auxquels ils font face, les membre du service après-vente doivent gérer leurs dossiers avec professionnalisme et bien planifier leurs interventions afin de maximiser la satisfaction de la clientèle en minimisant les ressources investies par l'organisation.

Vous pourrez raffiner votre vision au fil de votre lecture, mais prenez tout de même le temps d'en écrire dès maintenant un premier jet. Cet exercice vous permettra de jeter un regard neuf sur vos responsabilités et le travail qui vous attend. De plus, vous aurez besoin de cette ébauche pour utiliser l'outil N suivant.

Outil N-3 : le partage de la vision

Vous aurez beau savoir où vous allez, cela ne vous transformera pas en patron de type N si vos employés ne s'en rendent pas compte. Une vision est faite pour être partagée. C'est lorsque tous les efforts de ses membres sont concentrés sur les mêmes objectifs qu'une équipe est en mesure de faire avancer les choses, d'assumer sa raison d'être. Et le meilleur outil pour y parvenir, c'est le partage de la vision.

Le partage de la vision présente un autre avantage : il permet de s'affranchir du taylorisme. L'ère industrielle a apporté la parcellisation des tâches et le management scientifique. Il arrive encore qu'un travailleur doive poser des boulons toute la journée sans savoir ce qu'il contribue à produire. Or, l'employé qui ne peut rattacher sa tâche à une vision globale s'abrutit et ressent une certaine vacuité existentielle, ce qui ne se produit pas quand son supérieur partage avec lui sa vision.

Communiquer sa vision aux membres de son service peut se faire de nombreuses façons. Nous vous en présenterons cinq.

1. La rencontre individuelle

Il faut tirer profit des rencontres individuelles avec les employés. Au cours de ces rencontres, le patron se contente trop souvent de dire à l'employé ce qu'il doit encore améliorer et de lui fixer des objectifs à atteindre, sans même tisser des liens entre ces objectifs et la raison d'être du service ou de l'organisation.

Au cours d'une rencontre individuelle avec un employé, vous pourriez commencer par lui rappeler la raison d'être de l'organisation et le fait que ses clients ne sont pas captifs. Vous pourriez lui expliquer en quoi votre service est essentiel au sein de l'organisation et comment le poste qu'il occupe peut contribuer au succès du service. Énumérez également les répercussions que subiront les clients internes si la production de votre service est déficiente.

Autrement dit, assurez-vous que chaque employé n'accomplit pas ses tâches uniquement pour toucher son salaire, qu'il participe à l'atteinte des objectifs de son service et même de l'organisation.

2. Les réunions de groupe

Vous pouvez profiter des réunions, surtout quand il faut trouver des solutions à un problème. Commencez par présenter le problème en résumant ses effets sur les clients externes et les dangers qu'il fait courir à l'organisation. Mentionnez que la décision retenue devra respecter la raison d'être de votre service et rappelez cette raison d'être avant de lancer ensuite la discussion en demandant comment vous pouvez régler le problème sans nuire aux clients internes.

On trouve des techniques de résolution de problèmes en équipe dans *Le travail d'équipe : le susciter, l'améliorer,* un autre titre de la collection Grands Défis. Rappelez-vous que vos bottines doivent suivre vos babines. N'acceptez pas une solution à un problème si celle-ci ne va pas dans le sens de votre mission. Vous y laisseriez votre crédibilité.

3. Un concours

Vous pouvez organiser un concours à l'intention des employés qui devront trouver un slogan pour votre équipe. Par la suite, vous utiliserez ce slogan sur toutes les communications internes. Vous pourriez même faire installer une bannière dans la salle des employés. La raison d'être de votre service est trop importante pour n'en parler qu'une fois par an, au party de Noël. Je vous entends me dire : « Ben voyons, on ne parle pas de ça au party de Noël ! » Ah non ? Vous n'avez jamais vu un patron, à deux doigts du coma éthylique, se mettre à pleurer en répétant « Quelle belle équipe nous formons ! On est les meilleurs pour faire ce qu'on fait ! »

4. L'affichage

Au point 5 du texte où vous exposez votre vision, vous indiquez ce que les membres du service doivent faire pour relever les défis auxquels ils font face. La majorité de ces défis peuvent devenir des indicateurs de performance qu'il serait bon d'afficher sur les lieux de travail.

Par exemple, si un des défis consiste à réduire le taux de produits défectueux, vous pourriez afficher un thermomètre dans la salle des employés qui indiquerait le taux actuel et le taux visé. Si vous voulez réduire le temps d'attente à la caisse, un tableau pourrait présenter le temps d'attente moyen au cours des 30 derniers jours et le temps d'attente cible.

5. La bonification de la vision

Le texte que vous avez rédigé pour définir votre vision n'est pas immuable. Vous pouvez inviter vos subalternes à présenter des modifications. Cela peut se faire au cours de discussions impromptues, de réunions d'équipe ou en les invitant à utiliser la boîte à suggestions.

Partager sa vision ne veut pas dire l'imposer. L'objectif de ce partage est de donner un sens au travail. Si votre équipe peut participer à une meilleure définition de la vision, en utilisant son propre vocabulaire par exemple, elle se l'appropriera plus aisément.

Outil N-4 : l'équité

Supposons que vous faites partie d'une équipe de hockey et que vous participez à un tournoi amical. Supposons aussi que, tout au long de la première période, l'arbitre a un parti pris pour l'équipe adverse : il impose des punitions à vos joueurs mais passe sous silence le comportement de vos adversaires et il refuse vos buts en invoquant d'obscurs règlements jamais appliqués. Comment vous sentiriez-vous ?

Vous sentiriez l'agressivité et le ressentiment monter en vous. Le plaisir de jouer s'évanouirait et vous auriez envie de quitter la glace. Dans les circonstances, ce ne serait pas un comportement de mauvais perdant mais une réaction normale devant un arbitrage injuste. Dans une partie de hockey, il faut que les règlements s'appliquent aux deux équipes.

Il en va de même au travail. Si vous voulez que vos joueurs (vos employés) ne soient pas tentés de quitter la glace (de se déconnecter mentalement de leur travail), vous devez faire preuve d'équité dans vos activités d'encadrement. Dès qu'un employé croit que les dés sont pipés en sa défaveur, il perd tout plaisir au travail.

➤ Olivier : « Le rapport préparé par Pierre n'était pas plus fouillé que le mien. Il a pourtant été chaleureusement félicité alors que je n'ai reçu aucun encouragement. C'est terminé : je ne me force plus. »

➤ Céline : « J'arrive un matin en retard et c'est la catastrophe. Pourtant, Johanne se présente au travail avec 20 minutes de retard un matin sur deux et on ne lui dit rien. Il faut dire qu'elle sort avec Miguel... »

➤ Louis-Charles : « Il nous faudrait des règles claires ici. J'indique ma préférence pour mes deux semaines de vacances et on me répond que je ne pourrai pas les avoir. Deux jours plus tard, Gladeanna demande les deux mêmes semaines et on les lui accorde. Qui peut m'expliquer pourquoi elle et pas moi ? »

Comment éviter de telles réactions au sein votre équipe ? En suivant ces trois conseils.

1. Félicitez vos employés non pas en fonction de vos préférences mais en fonction des résultats qu'ils obtiennent

Malgré tout ce que diront les bien-pensants, il est difficile de ne pas avoir de préférés parmi un groupe d'employés. Certains partagent votre vision de la vie, de l'importance du travail et de la raison d'être de votre service. Donnez-vous comme règle de ne pas accorder des faveurs ou des félicitations en fonction de vos préférences. À travail égal, les félicitations devraient être équivalentes, et le travail de chacun devrait être évalué sur des bases factuelles plutôt qu'émotionnelles.

De même, si vous gérez une unité regroupant plusieurs types d'emplois, vous aurez peut-être tendance à valoriser une catégorie d'emploi aux dépens d'une autre, les ventes par rapport aux services comptables, par exemple. Ne succombez pas à cette tentation. Fixez des critères pour évaluer le travail de chacun et utilisez-les pour distribuer les félicitations et les réprimandes. Tous les postes ont leur raison d'être et aucun ne devrait être sous-estimé.

2. Ne changez pas les règlements au milieu de la partie

À l'occasion, il peut être tentant d'assouplir les règlements pour accommoder un employé particulièrement apprécié. Cependant, si vous succombez à la tentation, vous faites preuve de favoritisme.

Donnez-vous des règles de fonctionnement et respectez-les. Cela ne veut pas dire que des circonstances particulières (la maladie d'un enfant, un embouteillage monstre) ne doivent pas être prises en considération, mais elles devraient l'être de façon uniforme.

3. *Expliquez vos décisions qui pourraient prêter à confusion*

Si vous prenez une décision qui va à l'encontre des principes qui vous ont guidé jusqu'ici, prenez le temps d'expliquer vos motivations aux personnes qui pourraient se sentir injustement traitées. Expliquez également ce que vous allez faire pour que de tels écarts ne se reproduisent plus. Le patron dont la gestion est dominée par des décisions arbitraires et du favoritisme ne sera jamais bon. Il passera au mieux pour un perdu, au pire pour un hypocrite, avec les conséquences que cela présente.

Outil N-5 : l'intégrité

Tous les êtres humains sont animés par certaines valeurs. Vous avez les vôtres, vos collègues et vos subalternes ont les leurs. Ce n'est pas essentiel que l'ensemble de vos valeurs coïncident ; ce qui importe, c'est qu'elles ne fluctuent pas selon les événements. Être intègre, c'est rester fidèle à ses valeurs en dépit des événements.

Dans une équipe de travail, l'intégrité favorise le lien de confiance parce qu'elle permet de prévoir le comportement de son vis-à-vis dans toute situation. L'intégrité vous met aussi à l'abri des remords. Vous ne vous en voudrez jamais d'avoir fait des passe-droits : vos valeurs ne vous le permettent tout simplement pas. Sans compter que vous vous mettez à l'abri des critiques en suivant toujours les mêmes règles.

Celui qui ne renie pas ses valeurs malgré l'adversité peut, à la limite, devenir un héros. C'est ce qui est advenu de Martin Luther King, qui n'a pas modifié son discours malgré les menaces de mort. Il a ainsi permis à sa cause d'avancer. Bien sûr, cet exemple est extrême. Dans un contexte professionnel, vous ne pourrez pas devenir un patron efficace si vous travaillez pour une organisation dont les valeurs sont opposées aux vôtres. Dans ce cas, changez d'employeur – vous vous en porterez mieux. Si par contre vos valeurs et celles de votre employeur sont compatibles, comment pouvez-vous augmenter votre intégrité aux yeux de vos troupes ? Ces trois conseils vous aideront à y parvenir.

1. Soyez constant

Les valeurs et les principes à la base de vos actions ne devraient pas changer au jour le jour. L'exemple classique est ce patron qui, un matin, exhorte ses troupes à privilégier la satisfaction de la clientèle et qui, le lendemain, encourage son équipe à livrer un produit de qualité inférieure en lui disant que les clients n'y verront que du feu. Aimeriez-vous travailler pour un tel patron ?

2. Respectez votre parole

Si vous dites que vous parlerez d'un problème avec la haute direction, faites-le. Si vous annoncez que vous serez présent à une réunion, soyez-y ou, du moins, faites-en sorte qu'on ne vous y attende pas en vain.

3. Donnez l'exemple

Comme le veut l'expression, il faut que vos bottines suivent vos babines. Ce n'est pas avec des formules comme « Faites ce que je dis, pas ce que je fais » que vous arriverez à faire reconnaître votre intégrité. Ce genre de formule encourage plutôt le cynisme et la rébellion. Ne demandez jamais à un employé de faire quelque chose que vous ne feriez pas si vous étiez à sa place et si vous possédiez ses compétences et ses habiletés.

Si vous exigez la ponctualité mais que vous vous offrez le privilège de vous présenter en retard au travail, vous n'êtes pas intègre aux yeux de vos troupes. Si vous encouragez l'esprit d'équipe mais que vous ne consultez jamais vos employés avant de prendre une décision importante, vous ne vous montrez pas intègre.

Étant donné tout ce qui précède, devenir un patron de type navigateur peut vous sembler un défi de taille, mais c'est une voie inévitable pour quiconque veut être considéré comme un leader.

Suis-je un patron de type F ou de type M ?

En tant que patron, vous devez vous assurer de la qualité du travail des employés. Si vous ne le faisiez pas, vous manqueriez à votre devoir. Mais le moment que vous choisirez pour le faire aura un impact sur la perception que vos troupes auront de vous.

Certains patrons évaluent la qualité du travail des employés une fois que la tâche est accomplie. Parce qu'ils se basent sur la **fin**, nous les appelons les patrons de **type F**.

À l'opposé se trouvent les patrons qui préfèrent vérifier le travail de l'employé tout au long de son exécution. C'est en regardant comment l'employé s'y prend pour accomplir ses tâches que ce patron vérifie s'il fait ou ne fait pas un bon travail. Puisque ce patron évalue les **moyens** pris par l'employé pour faire son travail, nous l'appelons patron de **type M**.

Vous n'êtes probablement pas un type M pur ou un type F pur. Vous vous situez quelque part entre ces deux extrêmes même si vous préférez nettement un de ces deux moyens d'évaluation.

Voici le genre de réaction que provoquent ces deux types de patrons chez les employés. Pouvez-vous deviner de quel type de patron il s'agit ?

> ➤ « On dirait qu'il ne me fait pas confiance. Il me dit que j'ai carte blanche dans l'accomplissement d'un mandat, mais je dois lui faire un rapport d'étape toutes les cinq minutes. Je sais comment faire mon travail ! Il n'a qu'à ne pas me confier de mandat s'il ne me fait pas assez confiance. »

Type F ❏   Type M ❏

➤ « J'aime bien mon milieu de travail. On me confie un mandat et je le mène à terme à ma façon. Depuis le temps que je suis dans cette boîte, mon patron sait que le travail sera bien exécuté et il n'intervient pratiquement pas en cours de mandat. »

Type F ❑ Type M ❑

➤ « C'est loin d'être facile ! Elle me confie un mandat et elle s'attend à ce que je le réalise du début à la fin, sans que j'aie besoin d'éclaircissement. Si, en cours de route, je lui pose des questions ou je lui demande conseil, elle me donne l'impression que je la dérange. C'est frustrant. »

Type F ❑ Type M ❑

LES BONNES RÉPONSES : M, F ET F.

Il est difficile d'adopter un type de gestion unique pour tous les employés. Vous jouerez naturellement le patron de type F avec ceux qui font preuve de compétence et qui affichent une bonne confiance en eux. Vous serez un patron de type M avec ceux dont la compétence est en construction ou qui manquent de confiance en eux.

Toutefois, comme nous le verrons au chapitre 4, votre gestion devrait idéalement être de type F. C'est en fait le seul type d'encadrement qui permet à l'employé d'entrer en état de *flow* (cette expression sera définie plus loin) parce qu'il le laisse libre d'utiliser ses talents particuliers au lieu de suivre un cheminement qui lui semble moins naturel.

Cependant, un certain travail est nécessaire avant d'en arriver à offrir systématiquement ce type d'encadrement. Pour vous y aider, nous vous présentons maintenant quelques outils F.

Outil F-1 : la formation

Il est évident que vous serez tenté de contrôler le travail d'un employé qui n'a pas encore toute votre confiance. Après tout, vous savez que vous êtes responsable de la qualité de son travail et vous ne voulez pas lui confier un mandat qui pourrait, s'il est mal exécuté, mettre votre poste en jeu.

La formation constitue le meilleur antidote au stress que génère cette situation. Plus vos employés seront compétents, moins vous hésiterez à leur confier des mandats d'envergure. Le service des ressources humaines sera enchanté de déterminer avec vous les besoins de vos employés et de mettre sur pied des programmes de formation appropriés.

Outil F-2 : le droit à l'erreur

Un échec constitue souvent le meilleur programme de formation possible. Malheureusement, si vous contrôlez le travail de vos employés à un point tel qu'il leur est impossible de commettre la moindre erreur, ils ne pourront pas apprendre ! De plus, dans un tel climat, ils s'empêchent d'innover de peur de faire une erreur, et vous vous privez de leur créativité.

L'organisation innovatrice sait prendre des risques. En permettant à vos employés de se lancer et de risquer de commettre des erreurs, vous favorisez l'innovation. Grâce au feed-back que vous donnez (nous en traiterons au chapitre 6), vous faites en sorte que la moindre erreur de parcours se transforme en outil d'apprentissage. Votre organisation devient une organisation apprenante.

Naturellement, cela ne veut pas dire une absence totale de supervision dans votre service. Vous mettriez votre organisation dans l'embarras si vous vous absteniez de superviser quelqu'un qui en a besoin.

La formule idéale consiste à confier à vos employés des mandats de moindre importance pour commencer, ce qui leur permet de développer leur compétence.

Outil F-3 : une définition claire jumelée à de petites bouchées

Si vous ne voulez pas donner carte blanche à un employé mais que vous tenez à vous rapprocher d'une gestion de type F, suivez ces deux conseils.

1. Définissez clairement le mandat

Soyez clair quant à vos attentes et au résultat final espéré. Demandez à l'employé de vous répéter, dans ses mots, la nature du mandat que vous lui confiez. Quand tout est clair pour les deux parties, l'angoisse est réduite de part et d'autre.

2. Divisez le mandat en mini-mandats

Un mandat d'envergure peut aisément être divisé en mandats plus petits qui permettront une évaluation régulière de l'état d'avancement du projet. De plus, parce qu'il permet une rétroaction régulière, le mini-mandat fait grimper le sentiment de confiance de l'employé et donne la possibilité à son patron de redresser la situation pour prévenir un dérapage.

Outil F-4 : le travail d'équipe

Vous pouvez réduire les risques liés à la délégation en confiant un mandat à une équipe plutôt qu'à une personne. De cette manière, vous pouvez associer des employés présentant des niveaux de compétences différents et des degrés différents de confiance en soi. Cette option vous permet de faire grandir la compétence et la confiance en soi des employés à qui vous n'oseriez pas confier un mandat. Pour en connaître plus à ce sujet, lisez *Le travail d'équipe : le susciter, l'améliorer.*

Suis-je un patron de type I ou de type E ?

Comment prenez-vous vos décisions ? Certains patrons prennent leurs décisions sans consulter leurs troupes en laissant entendre que c'est à eux, en tant que patrons, qu'il revient de prendre et d'annoncer les décisions importantes. Pour eux, la prise de décision est une prérogative patronale. Ces patrons sont de **type E**, pour **exclusif**.

D'autres patrons, quand arrive le temps de prendre une décision qui aura des répercussions sur les employés, commencent par les consulter. Ils sont de **type I**, pour **inclusif**.

La majorité des employés n'ont pas de préférence quant au processus de prise de décision de leur supérieur hiérarchique. Cependant, pour différentes raisons, le décideur de type E est généralement moins efficace.

Le décideur solitaire choisit souvent la première solution qui lui vient à l'esprit, sans même tenter d'en concevoir d'autres. Il ne s'agit pas toujours de la décision optimale. Au surplus, il a souvent un parti pris quand arrive le temps d'opter pour une solution parmi d'autres. Il choisira celle qui correspond le mieux aux objectifs du service, sans se soucier de l'impact de la décision sur les troupes, ou encore il se préoccupera de l'impact sur son personnel mais perdra de vue les objectifs.

Parce qu'il n'a pas préparé le terrain, le décideur solitaire ne compte pas nécessairement d'alliés au sein de ses troupes quand il annonce sa décision. Parfois, le sabotage et le ressentiment s'ensuivent.

Adopter un comportement de type I vous apportera bien des bénéfices. Les personnes qui participent à un processus décisionnel et qui voient leurs propositions intégrées dans un projet ont tendance à s'investir dans la réalisation de ce projet. En demandant l'opinion des gens, vous suscitez leur adhésion. Pourquoi vous en priver ?

Voici d'ailleurs quelques outils à utiliser pour devenir un patron plus inclusif. Nous les appelons les outils I.

Outil I-1 : l'inventaire des forces

Connaissez-vous vraiment les personnes que vous devez encadrer ? Chacune possède des compétences, des habiletés et des connaissances dont elle ne se sert pas nécessairement au travail. L'accès à ces ressources pourrait s'avérer capital pour prendre une décision éclairée.

Afin de dresser l'inventaire des forces de votre équipe, discutez avec vos employés, posez-leur des questions, intéressez-vous à leurs passe-temps, à leurs emplois antérieurs ou à leur implication communautaire. Prenez conscience de toutes les ressources qui sont à portée de main mais dont vous ignoriez l'existence jusqu'ici.

En vous intéressant à vos employés, vous leur prouvez qu'ils ont de la valeur à vos yeux et vous améliorez le climat de travail. Ne vous en privez pas.

Outil I-2 : le sondage éclair

Si vos employés ont accès à Internet, lancez-leur des questions auxquelles ils répondront en ligne. Voici quelques exemples.

➤ Dans une maison d'édition : « Nous publierons bientôt un livre sur le dur métier de patron. Quels titres vous viennent spontanément en tête pour un tel ouvrage ? J'aurais besoin d'une ou deux idées par personne d'ici vendredi, mais si votre muse est particulièrement en forme, vous pouvez en soumettre davantage ! »

➤ Dans un service de programmation : « La direction voudrait lancer l'an prochain une version haut de gamme de notre logiciel comptable. Quelles nouvelles caractéristiques cette version pourrait-elle offrir ? Ne vous gênez pas pour présenter toutes vos idées, même les plus farfelues ! Répondez par courriel ou passez me voir au bureau. »

➤ Dans une usine : « Les modifications à la chaîne de production nous imposeront une semaine d'arrêt de travail en septembre. Nous pouvons choisir la deuxième, la troisième ou la quatrième semaine du mois. Indiquez-nous votre préférence au www.organisation.com/intra. Vous n'avez droit qu'à un vote mais votre vote compte ! »

Avec le sondage éclair, vous puiserez directement dans l'imaginaire et les connaissances de vos employés pour multiplier le nombre d'options qui s'offrent à vous. Un avertissement s'impose toutefois : vous ne pourrez pas ignorer l'apport des employés dans vos prises de décision. Si votre personnel n'a pas l'impression que vous avez tenu compte de ses suggestions au moment de prendre une décision, les commentaires se feront plus rares la prochaine fois.

Outil I-3 : la réunion

Si un problème doit être réglé rapidement et que vous ne pouvez pas en confier la responsabilité à une équipe, vous pouvez y consacrer une réunion. Nous ne nous éterniserons pas sur ce sujet étant donné que nous y consacrons un chapitre dans *Le travail d'équipe : le susciter, l'améliorer*. Pour le moment, contentons-nous de dire que les gens accepteront bien plus volontiers de se lancer dans la résolution d'un problème s'ils ont participé au développement de la solution retenue. En fait, en s'impliquant pendant la réunion, ils se sont commis. La solution trouvée est devenue la leur.

Outil I-4 : le respect des différences

Les gens ne sont pas tous identiques, pas plus dans votre équipe qu'ailleurs. Certains, par exemple, sont plus extravertis, tandis que d'autres sont plus introvertis. Si vous laissez les extravertis monopoliser les réunions, les introvertis ne tenteront même pas de présenter leur point de vue, et vous en serez privé. Prenez le temps de demander l'opinion de ceux qui ne parlent pas pendant une rencontre ou rencontrez ces personnes individuellement pour obtenir leur son de cloche.

Outil I-5 : les rencontres individuelles

Vous n'avez pas nécessairement à connaître l'opinion de chacun de vos employés avant de prendre une décision. Vous pouvez simplement demander l'avis de ceux dont les connaissances et les compétences vous paraissent particulièrement importantes par rapport à la décision à prendre. Prenez garde, cependant, de consulter toujours les mêmes personnes ; vous risqueriez de semer la jalousie.

Suis-je un patron de type T ou de type R ?

Qu'est-ce qui fait qu'un patron apprécie particulièrement un employé ? Comment sélectionne-t-il ses personnes de confiance ?

Il y a les patrons pour qui un bon employé est une personne qui s'entend bien avec ses collègues. Ces patrons sourient quand ils surprennent des employés à discuter près de la machine à café et se méfient des solitaires, croyant qu'ils ont quelque chose à cacher. Parce qu'ils privilégient les **relations**, nous les appelons des patrons de **type R**.

À l'opposé, nous avons les patrons qui privilégient les **tâches**. Ce sont des patrons de **type T**. Pour eux, un bon employé est « à l'ouvrage » chaque fois qu'ils l'aperçoivent. Gare à celui qui parle de son week-end en présence de son supérieur ! Il sera considéré comme un élément qui fait perdre du temps à ceux qui devraient travailler.

Dans certains cas, le patron de type T privilégie une tâche en particulier. L'ancien vendeur considérera que ce sont les vendeurs qui font vivre l'organisation et il leur attribuera une plus grande valeur. L'ingénieur fera de même pour le service de recherche et développement.

Vaut-il mieux être un patron de type T ou de type R ? Il vaut mieux être un peu des deux, surtout que des dangers menacent le patron unidimensionnel.

Le patron de type T, qui laisse entendre que le milieu de travail n'est pas fait pour socialiser mais bien pour travailler, nuit au développement de l'esprit de corps nécessaire à la rétention des meilleurs employés. Ce faisant, il s'empêche de relever le défi de la rétention.

Le patron de type R, pour qui le milieu de travail doit être harmonieux et qui ne supporte pas les conflits ou les désaccords, empêche son équipe de remettre en question le statu quo et de s'améliorer. Sans compter que certains patrons de type R en viennent à négliger le travail à force de multiplier les activités sociales.

Vous devez viser un juste équilibre entre les tâches et les relations. Cet équilibre fluctuera au rythme des crises et des flux de travail. Les outils R et les outils T vous seront utiles.

Outil R-1 : la formation

Vos employés ne maîtrisent pas uniformément les techniques d'écoute, de rétroaction, de négociation ou de gestion des conflits. Il est également probable qu'ils n'utilisent pas tous leur intelligence émotionnelle de la même façon. Il serait peut-être bon de les mettre à niveau en matière de relations interpersonnelles. Vous en apprendrez suffisamment sur le sujet dans *Le travail d'équipe : le susciter, l'améliorer.* Vous pourrez par la suite demander au service des ressources humaines d'effectuer une analyse des besoins et de planifier une formation appropriée.

Outil R-2 : la sortie de groupe

Organisez une sortie de groupe (soirée à la salle de quilles, pique-nique, match de *paintball,* etc.) afin que les employés apprennent à se connaître en dehors du cadre de travail. Vous favoriserez les amitiés, ce qui vous aidera à relever le défi de la rétention.

Outil R-3 : l'indicateur MBTI

L'indicateur MBTI (*Myers-Briggs Type Indicator*) est l'outil d'évaluation le plus utilisé au monde pour découvrir le type psychologique d'une personne. (Il sera question des types psychologiques au chapitre 5.) Il est possible d'organiser une journée d'activité basée sur cet outil. Cette activité permet aux gens de découvrir leur type psychologique et leurs forces particulières. Elle permet aux collègues de mieux comprendre ce qui les distingue les uns des autres et de mieux apprécier les différences. Elle permet également de mieux travailler en équipe et d'améliorer le processus de décision au sein de l'équipe.

Pour organiser une telle activité, vous devez prendre contact avec une personne possédant l'expertise nécessaire. Pour trouver une telle personne, contactez la direction des ressources humaines de votre organisation, la personne responsable de votre PAE (Programme d'aide aux employés) ou encore l'auteur de ces lignes, qui donne une excellente formation sur le sujet.

Outil T-1 : le partage des objectifs

Vous dirigez la cuisine d'un restaurant et on vous a demandé de réduire de 10 % le temps nécessaire à la préparation des plats. Vous dirigez un quart de travail dans une usine et la direction aimerait que vous produisiez 25 000 unités cette semaine. La clientèle étant abondante en cette fin de printemps, il faudrait que vos équipes sur le terrain installent quatre piscines par jour. Ne gardez pas ces objectifs pour vous ; communiquez-les à vos employés, présentez-les comme autant de défis communs à surmonter. Si ces objectifs sont réalistes, vous mobiliserez vos troupes.

Outil T-2 : la communication des résultats

Les bénévoles qui travaillent à une campagne de financement ont besoin de savoir si l'objectif financier a été atteint ou non. Il en va de même de vos troupes.

Si le temps de préparation des plats a effectivement diminué, annoncez-le à la fin du quart de travail. Faites la même chose si votre objectif de production est atteint ou si votre équipe d'installateurs a effectivement aménagé quatre piscines aujourd'hui.

La communication des résultats est un outil T (tâches), mais vous pouvez également la jumeler à une activité R (relations). Si les objectifs ont été atteints, félicitez votre équipe et prenez le temps de célébrer.

• • •

Si cela se prête, demandez à un de vos subalternes de lire ce chapitre et de déterminer quel type de patron vous êtes. Seize combinaisons sont possibles. Par exemple, un patron NMIT est un **navigateur** qui a tendance à évaluer les **moyens** que prennent les employés pour accomplir leur travail ; il est aussi **inclusif**, c'est-à-dire qu'il demande l'opinion de ses troupes avant de prendre une décision, et il privilégie les **tâches** plutôt que les relations. Vous verrez si l'évaluation d'autrui correspond à l'image que vous avez de vous-même.

Certes, le défi de devenir un meilleur patron peut vous sembler imposant. Mais vous n'avez pas à travailler toutes les dimensions en même temps. Prenez-les une à la fois, pensez-y dans vos activités quotidiennes et, inévitablement, vous deviendrez un meilleur patron.

3 > *Comment motiver mes employés*

La personne qui réussit à motiver ses employés les rend plus productifs, fait baisser le taux d'absentéisme dans son service et obtient de sincères félicitations de la haute direction. Elle peut s'attendre à une promotion, surtout qu'on évoquera son nom quand des problèmes surviendront dans d'autres services...

Le problème, c'est qu'un patron **ne peut pas motiver ses employés.** La motivation est une force intérieure, et seul l'employé est en mesure d'agir sur elle. Voilà pourquoi ce chapitre est si court.

Certains patrons crieront à l'hérésie. Un d'entre eux évoquera cette prime qu'il a instituée et qui a permis de vider les entrepôts d'un modèle qui ne se vendait plus. Un autre se souviendra de ce motivateur qu'il a mandaté et qui a fait passer la performance de l'équipe de vente à la vitesse supérieure. Que faut-il leur répondre ?

Il est vrai qu'une prime aura un impact direct sur les ventes. Si vous annoncez à vos représentants que la vente de l'article A leur rapportera une prime de 20 $ et que la vente de l'article B ne leur rapportera rien, il y a fort à parier que les ventes du produit A grimperont et que les ventes du produit B suivront la tendance inverse. Ce n'est pas surprenant : les êtres humains sont dotés de la faculté de penser et, tant qu'à travailler, ils préfèrent en retirer le maximum. Or, ils ne sont pas plus motivés. Retirez la prime et, au mieux, les ventes de chaque article reviendront à la normale. Un programme incitatif fera changer les comportements, mais il ne fera pas grandir la motivation des employés.

Et que dire du motivateur ? Il est possible de faire grimper l'enthousiasme de ses troupes en embauchant un orateur compétent. Mais l'enthousiasme qui naît de ces rencontres est de courte durée et ses effets vont en s'estompant. Il n'existe qu'une seule manière d'insuffler à ses employés un enthousiasme qui résistera au temps : faire en sorte qu'ils **se sentent compétents.** L'enthousiasme qui naît du sentiment de compétence est durable.

Vous ne pouvez pas motiver vos gens. Si c'était possible, des techniques permettraient de transformer en travailleurs acharnés les pires traîne-savates. Vous savez que c'est rêver en couleurs.

Terminons toutefois ce court chapitre par une bonne nouvelle : vous pouvez cesser de **démotiver** vos troupes. Vous apprendrez comment dans le prochain chapitre.

4 ❭ Comment éviter de démotiver mes employés

Il sera question d'émotions dans ce chapitre. Même si on aime bien utiliser la raison pour se justifier après coup, les émotions sont à l'origine des principaux comportements humains. Malheureusement, on oublie souvent à quoi elles servent.

Les émotions négatives, comme la peur, la culpabilité, etc., servent à vous mobiliser pour que vous puissiez éviter un danger ou y faire face. Ce sont des émotions qui drainent de l'énergie, mais elles peuvent vous sauver la vie en vous poussant, par exemple, à traverser la rue pour éviter un face-à-face avec des individus louches.

Selon Barbara Frederickson, de l'Université du Michigan, les émotions positives (joie, intérêt, etc.) élargissent le répertoire de pensées-actions et permettent à l'humain de faire le plein de ressources physiques, sociales, intellectuelles et psychologiques. Ainsi, elles font grandir votre résilience et vous préparent à encaisser les coups durs. Les recherches de

Frederickson ont démontré que, pour s'épanouir, l'être humain devait ressentir entre 2,9 et 13,2 émotions positives pour chaque émotion négative.

Si, dans une journée donnée, vous ressentez moins de 2,9 émotions positives pour chaque émotion négative, vous terminerez votre journée de travail fatigué, peut-être même frustré. À ce moment, s'il vous reste de l'énergie, vous songerez à changer de travail.

Par ailleurs, si, dans une journée donnée, vous ressentez plus de 13,2 émotions positives pour chaque émotion négative, vos décisions seront teintées d'un optimisme frôlant la témérité. Vous sous-estimerez les risques associés à vos décisions et vous deviendrez moins efficace.

En tant que patron, faites en sorte que vos employés ne terminent pas leur journée sur les genoux et prennent des décisions éclairées.

J'inspire la méfiance, le respect, l'appréciation passive ou la confiance?

Connaître ce que ressentent vos employés à votre contact est important. Bâtissez un tableau semblable à celui qui suit en prévoyant une ligne pour chaque employé que vous supervisez.

Nom	Compétence	Bienveillance
Camilla	6	3
Rose	9	9
Steve	1	6

Inscrivez le nom de vos employés dans la colonne de gauche. Pour chaque employé, évaluez, sur une échelle de 10, le niveau de compétence qu'il vous attribuerait si on lui demandait ce qu'il pense de vous (au besoin, relisez la description de l'outil N-1, au chapitre 2).

Remarquez qu'il s'agit ici de la **perception de l'employé** et non de la réalité. Il est évident que cet exercice est subjectif et qu'il ne représentera que votre perception de la réalité. Il est possible que vous soyez compétent mais qu'un de vos collaborateurs en doute fortement. Inscrivez vos réponses dans la deuxième colonne du tableau. Pour aller plus loin, demandez à un collègue qui vous voit chaque jour dans le feu de l'action de vous noter ou demandez à une personne des ressources humaines d'effectuer un sondage confidentiel.

Demandez-vous ensuite quelle note, sur une échelle de 10, chaque employé vous donnerait si on lui posait la question suivante : À quel point votre patron prend-il vos intérêts à cœur et souhaite-t-il votre bien ? Inscrivez vos réponses dans la troisième colonne du tableau, sous le terme « Bienveillance ».

Reportez maintenant le nom de vos employés dans un tableau comme le suivant. L'axe vertical représente votre compétence telle que vos employés la perçoivent et l'axe horizontal représente votre note quant à la bienveillance. Le nom de trois employés figure dans le tableau à titre d'exemple.

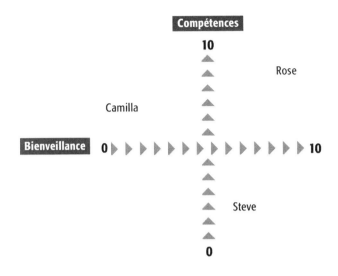

Le quadrant où ils se situent exprime l'opinion de vos employés sur vous.

Le quadrant supérieur gauche est celui du **respect**. L'employé qui s'y trouve vous considère compétent mais peu intéressé à sa situation personnelle. Camilla, par exemple, trouve son patron compétent, mais elle sent que, s'il devait la « sacrifier », il le ferait sans problème. Elle pense même par moments qu'elle n'est, aux yeux de son supérieur, qu'un outil de production remplaçable. Mais elle le respecte tout de même en raison de sa compétence. En conséquence, elle obéit, mais son travail ne la mobilise pas.

Pour qu'un employé se situant dans ce quadrant ressente plus de plaisir à votre contact, vous devrez lui prouver que vous l'appréciez et que vous voulez son bien ; il glissera ainsi sur l'axe horizontal du tableau. Voici quelques suggestions pour y arriver.

• Entrez régulièrement en contact avec lui. Plus vos rapports seront familiers, plus il vous appréciera.

- Utilisez un vocabulaire positif, et ce, même quand vous devez le ramener à l'ordre.

- Reconnaissez la qualité de son travail.

- Demandez-lui son opinion quand une décision risque de le toucher.

- Apprenez à le voir comme un individu à part entière et non comme un simple employé. Rappelez-vous qu'il a une vie à l'extérieur de l'organisation, et votre attitude à son égard s'améliorera aussitôt.

- Faites preuve d'équité et d'intégrité (outils N-4 et N-5). Il est plus tentant de faire confiance à un patron intègre et soucieux de justice.

Le quadrant supérieur droit est celui de la **confiance**. Les employés qui s'y trouvent vous perçoivent comme étant à la fois compétent et intéressé par leur sort. C'est le cas de Rose, pour qui chaque contact avec son patron représente une bouffée d'énergie.

Pour ce qui est de la vie au travail, il s'agit du quadrant optimal. Les employés qui s'y trouvent sont heureux à l'idée de se rendre au travail le matin et ils apprécient leur mandat d'aider le service à assumer sa raison d'être. Plus vous aurez d'employés dans ce quadrant, plus il vous sera facile, par exemple, d'agir comme médiateur entre deux employés en conflit ou d'imposer une décision impopulaire sans risquer le sabotage.

Le quadrant inférieur gauche est celui de la **méfiance.** Les employés qui s'y trouvent vous considèrent incompétents et peu soucieux de leur bien-être. Ce sont souvent des employés cyniques, peu intéressés à participer à la concrétisation de la vision que vous proposez. Ils ont également tendance à refroidir l'ambiance générale au travail.

Quelle attitude devriez-vous adopter face à ces employés ? Vous devez à la fois les faire glisser sur l'axe horizontal et sur l'axe vertical du tableau en recourant aux suggestions relatives aux quadrants supérieur gauche et inférieur droit. Ces employés vous donneront du fil à retordre.

Le quadrant inférieur droit, finalement, est celui de **l'appréciation passive.** Les employés qui s'y trouvent vous considèrent incompétent, mais ils apprécient que vous vous souciiez de leur bien-être. En conséquence, ils ne vous nuiront pas, mais ils n'auront pas envie de s'investir dans vos projets parce qu'ils vous croient incapable de les mener à bien.

C'est ce que ressent Steve. Il aime bien son patron sur le plan humain, mais il ne lui accorde aucune crédibilité en tant que leader. Face à des employés comme Steve, il vous faudra prouver votre compétence en suivant les conseils présentés au chapitre 2. Vous pouvez même avoir une discussion franche pendant laquelle vous mettrez cartes sur table et tenterez d'identifier la source de cette perception négative de votre compétence.

Ne vous fixez pas un objectif trop ambitieux : vous ne pourrez pas déplacer tous vos employés dans le quadrant supérieur droit en quelques jours. L'établissement d'un lien de confiance prend du temps. Contentez-vous de faire des progrès chaque jour et, rapidement, l'ambiance de votre service s'améliorera.

Que vous fassiez ou non l'exercice, ce qu'il importe de retenir de cette section, c'est que vous avez le pouvoir de faire naître des émotions positives ou des émotions négatives chez les gens avec qui vous entrez en contact chaque jour et que vous pouvez influencer consciemment ces émotions en tablant sur votre compétence et votre bienveillance.

La science du bonheur

Parce que c'est dans ce domaine que se trouvaient les budgets de recherche, les chercheurs en psychologie se sont traditionnellement penchés sur le traitement des maladies mentales. On cherchait à savoir comment vaincre la dépression, comment faire face au stress post-traumatique, etc. Bref, on tentait de découvrir comment ramener au point zéro un patient dont la santé mentale était négative.

Puis, il y a quelques années, on a commencé à se demander comment on pouvait prendre un patient au point zéro et le faire grimper plus haut dans l'échelle de la santé mentale. Une série d'expériences scientifiques ont contribué à créer ce que nous appellerons la science du bonheur. Nous allons ici effleurer ce sujet ; pour en savoir plus, lisez *52 jours pour réinventer ma vie* ou *La vie est injuste (et alors ?).*

Au fil du temps, cette puissante émotion qu'est le bonheur a commencé à livrer ses secrets (et ce n'est pas terminé) et des chercheurs ont tenté d'en faire une formule mathématique. La formule que nous utiliserons ici $(SB = NNB + C + FC)$ est celle de Martin E. Seligman, l'ancien président de l'association américaine de psychologie. Elle se traduit ainsi : le sentiment de bonheur (SB) ressenti par un individu est égal à la somme de son niveau naturel de bonheur (NNB), de l'apport des circonstances (C) et de l'apport des facteurs qu'il peut contrôler (FC). Prenons le temps de décortiquer ces éléments et de les appliquer à des employés.

Niveau naturel de bonheur (NNB)

Les êtres humains n'ont pas tous la même prédisposition au bonheur. Il semble que la génétique influe sur la capacité de ressentir cette émotion, tout comme elle influe sur le registre de la voix ou la couleur des yeux. Comme cette variable ne peut pas être modifiée, il vous est impossible de rendre tous vos employés uniformément heureux. C'est, du moins pour l'instant, un pur scénario de science-fiction.

Circonstances (C)

Les circonstances ont un effet, positif ou négatif, sur le niveau de bonheur ressenti. À la maison, elles pourraient englober la situation financière, les biens matériels, etc. Au travail, les circonstances englobent le salaire, les conditions de travail, l'horaire, etc.

L'absence de circonstances favorables peut se faire cruellement sentir. Tant qu'elles ne lui font pas atteindre un seuil minimal de bien-être (lequel varie d'une personne à l'autre), les circonstances ont un effet négatif sur le sentiment de bonheur d'une personne.

Prenons par exemple le salaire d'un employé. S'il ne gagne pas assez d'argent pour subvenir à ses besoins et que son revenu le maintient dans des conditions de vie miséreuses, alors que le reste de la société semble baigner dans l'opulence, la moindre amélioration de sa situation financière fera grandir son sentiment de bonheur.

Pensons maintenant aux conditions de travail. Si le milieu de travail est dangereux et que l'employé risque sa vie chaque jour, son sentiment de bonheur sera inférieur à son niveau naturel.

Passé un seuil minimal de bonheur, cependant, l'effet produit par des circonstances favorables est temporaire. Une fois que son revenu se situera au-dessus d'un certain seuil, les augmentations de salaire feront certes plaisir à votre employé, mais l'effet produit sur son niveau de bonheur sera temporaire. Deux semaines plus tard, il aura adapté son niveau de vie à son nouveau revenu et son sentiment de bonheur reviendra à la normale. En fait, pour faire grandir le bonheur, mieux vaut une augmentation progressive et continue qu'une augmentation substantielle vers un échelon salarial qui ne bougera pas avant longtemps. De même, ceux qui changent d'emploi et qui subissent une diminution de salaire (qui reste quand même au-dessus du seuil minimal de bien-être) voient leur sentiment de bonheur chuter puis, après un certain temps, celui-ci revient au niveau naturel.

Quant aux conditions de travail, une fois que l'employé se sent en sécurité au travail, toute amélioration sur ce plan est certes appréciée, mais elle n'augmente pas son sentiment de bonheur.

Vous arriverez difficilement à faire grandir le sentiment de bonheur de vos employés si leur rémunération est nettement insuffisante. Qu'entendons-nous par insuffisante ? C'est là que les choses se corsent. Le seuil minimal de revenu nécessaire au bien-être étant subjectif, vous devrez découvrir où il se situe. Il sera plus élevé dans les régions où les salaires sont plus élevés et où vos employés doivent chaque jour côtoyer des plus riches qu'eux. Il sera moins élevé dans les régions où beaucoup de gens vivent de l'aide sociale.

Si le revenu de vos employés dépasse le seuil minimal nécessaire à leur bonheur, vous ferez grimper leur sentiment de bonheur en leur offrant une augmentation de salaire, mais ce soubresaut sera temporaire. Alors, cessez de vous en faire si vous êtes un p'tit boss et que vous n'avez aucun contrôle sur les salaires ou les conditions de travail. C'est ailleurs qu'il faut chercher des moyens de faire grimper, de façon durable, le sentiment de bonheur de vos employés.

Facteurs contrôlables (FC)

Cette troisième variable a trait à la manière dont chacun aborde la vie et aux moyens qu'il utilise pour la vivre pleinement. L'être humain ne perçoit pas tout ce qui l'entoure. Il y a bien trop de stimuli ! En conséquence, il filtre l'information et interprète à sa manière ce qu'il a retenu. En modifiant la manière dont il filtre l'information et dont il l'interprète, il peut modifier ses émotions et se rapprocher du bonheur. Cela implique de percevoir la réalité telle qu'elle est, de faire la paix avec le passé, de mieux vivre le présent et d'entretenir une vision optimiste de l'avenir.

En jouant avec les facteurs contrôlables, un p'tit boss peut, sans même demander la permission à la haute direction, faire des merveilles. Vous verrez un peu plus loin comment mieux gérer le passé, le présent et l'avenir de vos troupes.

Apathie, anxiété, ennui ou état de *flow* ?

Avez-vous remarqué à quel point l'enthousiasme des employés varie devant certaines tâches ? À un même poste de travail, un employé paraîtra intéressé tandis que l'autre s'ennuiera. Comment de telles disparités naissent-elles ?

Mihaly Csikszentmihalyi, un psychologue de l'Université de Chicago, a posé l'hypothèse que les réactions différentes dépendent d'émotions qui sont provoquées par deux facteurs.

1. *Les exigences de la tâche.* Certaines tâches sont exigeantes parce qu'elles nécessitent l'utilisation de nombreuses ressources (physiques, cognitives, créatives, etc.), tandis que d'autres tâches peuvent être effectuées en mode automatique. En les accomplissant, on peut même penser à autre chose.

2. *Les capacités de l'employé.* Certains employés ont développé les habiletés nécessaires à la réalisation d'une tâche, tandis que d'autres n'ont pas terminé leur apprentissage.

Le graphique suivant nous permet d'unir ces deux variables et de prévoir quelles émotions ressentira l'employé selon la tâche et selon ses habiletés.

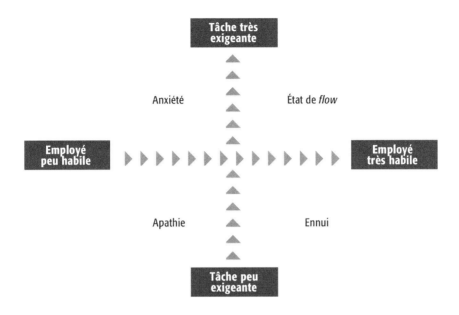

Si la tâche est exigeante et que l'employé ne possède pas les habiletés nécessaires à sa réalisation, la simple idée de se présenter au travail lui fera ressentir de l'anxiété (quadrant supérieur gauche). L'anxiété est une émotion négative. L'employé qui la ressent doute de lui-même et redoute les conséquences d'un travail mal effectué. Il termine ses journées de travail épuisé et rêve régulièrement de quitter l'organisation pour un emploi qui le comblera davantage.

Si la tâche est peu exigeante et que l'employé est peu habile, ce dernier ressentira de l'apathie au travail (quadrant inférieur gauche). Incapable de se réaliser pendant les heures passées au boulot, il accomplira sa tâche sans entrain, avec le même état d'esprit que le téléspectateur qui zappe d'une chaîne à l'autre sans même se demander pourquoi il est assis devant son téléviseur. L'employé n'en est peut-être pas conscient, mais il perd son temps et se prive de développer ses talents. L'employé qui se situe dans ce quadrant termine souvent ses journées au neutre, sans fatigue ni entrain.

Si la tâche est peu exigeante et que l'employé est très habile, il ressentira de l'ennui tout au long de sa journée de travail (quadrant inférieur droit). L'ennui use. Au surplus, il provoque souvent deux comportements de compensation : la rêverie et l'excès.

Un employé qui s'ennuie utilisera l'énergie cognitive que ne requiert pas son travail pour rêver éveillé, ce qui aura pour effet de réduire sa productivité et d'augmenter les risques d'accident. Un autre, qui ne veut pas subir les effets de la rêverie, accélérera la cadence jusqu'à ce que le travail occupe complètement son champ de conscience. En fin de journée, il sera épuisé.

S'il a la chance d'avoir une vie personnelle gratifiante, l'employé qui s'ennuie restera peut-être dans l'organisation, mais s'il prend conscience de sa valeur sur le marché, il partira en quête de nouveaux défis.

Ces trois premiers quadrants créent une situation perdant-perdant. L'employé ne se réalise pas dans l'accomplissement de ses tâches et l'employeur se retrouve avec du personnel peu motivé ou trop anxieux pour effectuer un travail de qualité.

Idéalement, les employés se situeront dans le quadrant supérieur droit. C'est là que se trouvent les employés habiles accomplissant des tâches exigeantes mais à leur mesure. Le travail, pour l'employé qui se trouve dans ce quadrant, devient autotélique.

L'autotélicité, c'est la propriété d'une tâche qui comporte une récompense intrinsèque. Un travail autotélique est motivant en soi. L'employé ne le fait pas simplement pour un salaire ou dans le but de bien jouer son rôle social ou son rôle de pourvoyeur. Pour bien comprendre ce concept, rappelez-vous le dernier film qui vous a passionné. Personne ne vous a payé pour voir ce film. Personne ne vous a promis quoi que ce soit en échange du temps que vous avez pris pour le visionner. La récompense se trouvait dans l'activité elle-même. Vous avez perdu la notion du temps ; vous avez oublié que vous étiez dans une salle de cinéma. Pendant quelques précieuses minutes, vous faisiez partie du film.

Selon Csikszentmihalyi, vous étiez en état de *flow,* cet état qui transforme une simple activité en véritable expérience. Les artistes le vivent fréquemment ; ils se lancent dans la création d'une œuvre et reprennent contact avec la réalité quelques heures plus tard, une fois le travail achevé. L'employé qui se trouve dans le quadrant supérieur droit peut vivre cet état au travail. En tant que patron, vous pouvez améliorer les chances de voir vos employés s'y retrouver. Si vous y parvenez, leur travail deviendra autotélique.

Comme vous l'avez fait au chapitre 2, remémorez-vous le meilleur patron que vous ayez eu au cours de votre carrière. Si vous l'avez tant apprécié, c'est probablement qu'il vous laissait travailler à votre manière et que les défis que vous deviez relever, bien qu'exigeants, correspondaient à vos capacités. Parions également que ce travail vous tenait tellement à la frontière de vos capacités que celles-ci s'amélioraient un peu plus chaque jour. C'est exact ? Vous étiez en état de *flow.*

Mieux gérer le passé

Quelle émotion naîtrait chez un employé à qui vous demanderiez comment il a trouvé les six derniers mois dans votre entreprise ? Son visage s'illuminerait-il ou tendrait-il vers la grimace ? De mauvais souvenirs passés peuvent empêcher une personne d'apprécier le présent. Voici ce que vous pouvez faire pour aider votre équipe à faire la paix avec le passé.

1. Mettez l'accent sur les leçons plutôt que sur les erreurs

Votre équipe parle-t-elle encore de « la fois où l'idée de Pierre nous a fait perdre deux jours de travail », de « la commande oubliée par Betsy qui nous a fait perdre un compte » ou « du slogan pourri que Carole a choisi pour la campagne électorale de l'an dernier » ?

Dans tous ces cas, on fait état d'une situation passée négative en prenant soin d'identifier un coupable. Ces propos, souvent livrés sous le couvert de l'humour, transforment d'honnêtes travailleurs en têtes de Turc et paralysent l'esprit d'initiative des autres.

Pour que vos employés cessent de ressasser les mauvais souvenirs, dans un premier temps, rappelez–leur l'intention à l'origine de l'épisode : Pierre voulait améliorer le processus de gestion des commandes, Betsy tentait d'obtenir le règlement d'une facture impayée et Carole devait approuver un slogan en un temps record.

Dans un deuxième temps, demandez-vous si l'organisation ou, mieux encore, si votre service a appris quelque chose de l'événement. Faites part de vos réponses à ceux qui remettent sur la table les erreurs passées : « Nous avons appris qu'il fallait absolument faire une copie de sécurité du système informatique avant de procéder à une modification du logiciel » ; « Nous avons déterminé que c'est le responsable du compte qui doit communiquer avec le client délinquant » ; « Nous avons appris que la personne chargée de trouver un axe de communication doit avoir accès à TOUS les sondages récents ».

Dans un troisième temps, rappelez à votre équipe que c'est grâce à des initiatives comme celles de Pierre, de Betsy ou de Carole que de nouvelles procédures ont été mises en place et qu'il faut mettre l'accent sur les leçons plutôt que sur les erreurs. Une organisation apprenante doit faire des erreurs si elle veut améliorer ses processus.

2. Rendez à César ce qui est à César

Qui est à l'origine du slogan pour lequel votre service a été chaude-ment félicité? Qui a sauvé la mise quand ce client en colère s'est présenté? Qui a eu cette idée pour rendre plus fonctionnelle la chaîne de production?

Les employés qui se sentent floués parce qu'on a passé leurs bons coups sous silence mettront moins d'énergie à la tâche. Il est bien plus difficile d'être créatif quand une bonne partie de son énergie cognitive est utilisée à entretenir du ressentiment.

Trouvez ce qui doit être fait pour que les efforts de chacun soient reconnus. Vous serez tous en meilleure position pour continuer à aller de l'avant.

3. Présentez vos excuses

Ce n'est pas toujours par exprès qu'on froisse quelqu'un et l'envie de rebâtir les ponts n'est pas toujours présente. Il peut être tentant de s'imaginer que le temps va arranger les choses et qu'il est inutile de présenter ses excuses pour une erreur, une maladresse ou des propos malheureux.

Pourtant, les conflits non résolus mènent à l'évitement ou aux repré-sailles. Si vous laissez traîner les conflits, le temps est venu de présen-ter vos excuses. Ce qui traîne finit par se salir.

4. Faites le résumé de la journée

La mémoire humaine est sélective. Si quelqu'un vous demande de penser à hier, vous vous rappellerez un ou deux événements alors qu'il en est survenu des dizaines. Quatre ou cinq pensées vous revien-dront à l'esprit alors que vous en avez eu soixante mille!

Vous pouvez avoir une influence sur ce que vos employés retiendront de leur journée de travail. Il vous suffit de prendre quelques minutes, à la fin du quart de travail, pour discuter avec votre personnel de deux ou trois événements que vous avez trouvés positifs et l'encourager à enrichir votre liste. Vos gens quitteront le travail avec ces souvenirs à l'esprit.

Mieux gérer le présent

En gérant mieux le quotidien, vous augmentez les chances que plus d'employés atteignent un état de *flow*. Voici quelques suggestions.

1. Encouragez l'humour sain

L'humour est un signe de santé mentale. Il permet de désamorcer les crises en remettant les événements en perspective et d'alléger le poids des événements en les dédramatisant. Félicitez un employé pour sa brillante réplique qui vous a fait réaliser qu'un problème n'était pas insoluble.

Mais attention ! Il y a humour sain et humour malsain. L'humour malsain rabaisse les gens, nuit aux relations et entretient la rancœur. Cet humour-là n'a pas sa place dans une équipe de travail.

2. Devenez un patron de type F, qui se base sur la fin

Il y a généralement plusieurs manières d'accomplir une tâche et, pour chaque individu, la meilleure est celle qui lui permet d'utiliser ses compétences et ses habiletés personnelles. C'est ainsi qu'il peut se retrouver en état de *flow*.

Cela lui est toutefois impossible si son patron est de type M, donc qu'il s'attarde aux moyens, et qu'il lui impose des méthodes de travail qu'il ne maîtrise pas ou qu'il fait le point avec lui dix fois plutôt qu'une. Dans ce cas, l'employé restera dans le quadrant de l'anxiété ou dans celui de l'apathie.

Aidez vos gens à découvrir et à développer leurs forces et leurs talents naturels. Assurez-vous de leur compétence et laissez-les se lancer dans l'action. Vous n'avez pas à leur tenir la main pour que le travail soit bien exécuté.

3. N'imposez pas à un employé un poste qui ne lui convient pas

Voici deux citations qui décrivent des façons de pourvoir un poste. Laquelle ressemble le plus à la vôtre ?

➤ Dominique : « Ce poste s'est libéré. J'ai engagé quelqu'un et j'ai déterminé ce qu'il lui manquait pour qu'il assume bien ses responsabilités. Avec le service des ressources humaines, j'ai mis sur pied un programme de formation et, d'ici quelques jours, il entrera finalement en poste. »

➤ Anne : « Quand Jean-Louis a été embauché, j'ai discuté avec lui afin de découvrir ce qu'il appréciait le plus dans ses emplois précédents. J'ai ensuite quelque peu adapté le poste vacant pour qu'il puisse utiliser ses talents naturels. »

Pour l'attribution d'un poste, le point de départ devrait être l'employé et non le poste. En effet, c'est quand il peut utiliser ses talents naturels qu'un employé est le plus performant. Un programme de formation conçu pour qu'une personne assume un poste pour lequel elle n'est pas faite peut, au mieux, la rendre capable d'accomplir ses tâches de manière correcte. Or, les performances exceptionnelles naissent quand il y a un appariement naturel entre le poste et l'employé. À ce moment, la formation est toujours de mise pour que l'employé puisse parfaire ses talents naturels.

Malheureusement, le candidat idéal n'est pas toujours disponible quand arrive le temps de pourvoir un poste. Vous pouvez, dans ce cas, confier le poste à une personne en lui précisant qu'il s'agit là d'une affectation temporaire dont vous rediscuterez plus tard.

N'allez quand même pas imposer un travail de précision à une personne intuitive qui voit globalement et que les détails ennuient. Ne confiez pas non plus l'animation d'une soirée à un introverti. Bref, n'allez pas contre la nature. Trop de personnes sont devenues incompétentes parce qu'on les avait promues à des postes qui n'étaient pas faits pour elles. Personne n'y gagne, pas plus l'employé que l'organisation.

4. Prévenez la « contamination »

Il y a des gens qui rendent terne une belle journée ensoleillée. Il y a des gens auprès de qui les meilleurs repas deviennent fades. Ces personnes dotées d'une humeur chagrine sont contagieuses. Elles voient la vie en brun et adorent communiquer leur vision, en se plaignant, en étant cyniques ou en rabaissant les autres. Elles refroidissent l'ambiance d'un milieu de travail et nuisent à la productivité.

Vous avez trois choix devant un employé de ce type : l'affronter (nous verrons comment au chapitre 8), l'isoler ou vous en départir. Mais ne le laissez pas en contact avec vos meilleures ressources ! Vous risqueriez de les voir vous quitter.

5. Offrez de bons outils de travail

Un ordinateur est fait pour fonctionner. S'il plante toutes les 20 minutes, son utilisateur deviendra rapidement exaspéré et son rendement en souffrira. Un camion est fait pour rouler. Si des problèmes mécaniques rendent sa conduite dangereuse, le conducteur passera sa journée à craindre le pire… et à rêver d'être embauché ailleurs.

Il est impossible de passer en mode *flow* avec de l'équipement non approprié. Assurez-vous que chacun puisse faire son travail dans des conditions optimales.

6. Offrez un environnement de travail convenable

L'environnement de travail peut contribuer ou nuire à l'accomplissement des tâches. L'environnement peut faire en sorte que chacun ressente du plaisir quand il est à son poste. Un choix musical agressant, une température trop froide ou trop chaude, des bruits assourdissants, une odeur désagréable, des murs sales ou tapissés de messages heurtant les valeurs des employés, tout cela peut empêcher vos troupes d'apprécier l'instant présent.

7. Entretenez la vision

Rappelez-vous que les gens qui s'identifient seulement à leur poste sans savoir à quoi ils contribuent ne peuvent attribuer un sens à leur travail ; ce vide relié au travail nuit à leur sentiment de bonheur.

Continuez à véhiculer votre vision, partagez-la avec les nouveaux employés, rappelez-la à tous quand un problème doit être réglé. Au besoin, relisez le chapitre 2.

8. Prenez le pouls de votre équipe

Vous ne pouvez pas être au courant de tout ce qui se passe dans votre service et vous n'avez pas à l'être. Cependant, vous devriez être à l'affût de tout changement d'ambiance. Posez des questions si les sourires disparaissent subitement ou si vous remarquez que certaines personnes, généralement enjouées et bavardes, ont cessé de se parler. Il se peut qu'un conflit ait éclaté et que vous ayez à agir comme médiateur. Ne laissez pas la situation s'envenimer. Nous y reviendrons au chapitre 8.

9. Adaptez les tâches aux personnes

N'hésitez pas à réduire les exigences d'un poste à l'intention d'un employé qui ne possède pas encore les habiletés pour livrer une productivité normale. Établissez des exigences situées à la frontière de ses capacités actuelles. Ce faisant, vous pourriez le faire passer du quadrant générateur d'anxiété au quadrant permettant l'état de *flow*. Vous augmenterez ainsi son plaisir au travail tout en favorisant l'acquisition de nouvelles habiletés.

De la même manière, confiez des tâches plus exigeantes à l'employé qui a à ce point développé ses habiletés qu'il commence à s'ennuyer au travail. Offrez-lui des défis à sa mesure.

10. Enrichissez les tâches au moment propice

S'il devient évident qu'un employé s'ennuie dans son travail, vous pouvez améliorer son quotidien en lui confiant d'autres responsabilités qui mettront ses talents à profit. Il pourrait prendre les nouveaux employés sous son aile, être intégré à un comité ou se préparer à accomplir des tâches de gestion.

Nous verrons dans les prochains chapitres d'autres éléments qui peuvent contribuer à la satisfaction de chacun vis-à-vis de l'instant présent, mais parlons maintenant de la gestion de l'avenir.

Mieux gérer l'avenir

Que pouvez-vous faire pour que vos troupes entrevoient l'avenir avec plus d'optimisme ? D'abord, il faut que vous ayez vous-même confiance en l'avenir, sinon vous êtes un imposteur. Ensuite, vous pouvez faire usage des suggestions suivantes.

1. Établissez des objectifs communs d'amélioration

Les projets constituent une bonne manière d'entrevoir l'avenir. Que voulez-vous accomplir ? Vous voulez réduire les bris ? améliorer la rentabilité ? faire grimper les ventes ? Le simple fait de se rallier volontairement à un objectif permet aux gens de se sentir aux commandes de leur vie. C'est un tonique anti-déprime.

2. Ne recourez pas à la crainte

Il peut être tentant de faire grimper la productivité d'une équipe en la menaçant (« Vous allez perdre vos emplois », « L'entreprise va faire faillite », etc.). Cependant, le patron qui agit ainsi maintient ses troupes dans l'anxiété, mine leur état d'esprit et réduit leur productivité. De plus, il pousse ses meilleures ressources à se trouver un emploi ailleurs. Bravo pour la motivation ! Je ne le répéterai jamais assez : c'est en traçant le portrait d'un avenir souhaitable (votre vision) que vous mobiliserez les gens. Pas en les plongeant dans la crainte.

3. Misez sur l'employabilité de votre personnel

Ne lésinez pas sur la formation. Idéalement, vos employés devraient se sentir assez compétents pour ne pas douter que, si votre organisation cessait d'exister, ils pourraient trouver un emploi ailleurs. Même un bon employeur ne garantit plus un emploi à vie ; il s'assure plutôt de l'employabilité de ses troupes. Si vos employés cultivent un sentiment intérieur de compétence, l'avenir ne leur fera pas peur.

4. Considérez les crises comme autant d'occasions d'apprentissage

Quand un problème survient, transformez-le en occasion de préparer l'avenir. Pour ce faire, avec vos employés, vous répondrez aux questions suivantes.

- Quelle leçon pouvons-nous tirer de ce problème ?

- Comment pourrions-nous faire en sorte qu'une telle situation ne se reproduise pas ?

- Pourrions-nous tirer parti de cette déconfiture ? Comment ?

- Comment atteindrons-nous notre objectif maintenant que nous savons que cette stratégie ne fonctionne pas ?

Gérer l'avenir ne veut pas dire l'entrevoir avec un optimisme béat. Au contraire. Mais il est inutile de se dire, quand un projet échoue, que son équipe n'est pas bonne, qu'elle n'arrive jamais à rien et qu'il sera vain désormais de tenter quoi que ce soit. L'objectivité, c'est-à-dire la capacité à dresser un portrait réaliste de la situation, constitue une clé de la résilience, cette faculté de faire face à un stress intense.

• • •

Vos employés ne sont pas des outils de production ; ce sont des êtres d'émotions. Vous pouvez augmenter la proportion d'émotions positives qu'ils vivent chaque jour au travail. Ce faisant, vous ne passerez pas uniquement pour un meilleur boss. Votre service deviendra un lieu de travail où il fait bon se trouver, un lieu où chacun peut s'accomplir, un lieu qu'on n'a pas envie de quitter.

5 〉 *Décoder le style de chaque employé*

Vous avez vu, au chapitre 2, qu'un bon patron de type N (navigateur) doit afficher un sens de l'équité irréprochable s'il ne veut pas susciter de jalousie ou de ressentiment au sein de ses troupes. Doit-il pour autant traiter tous ses employés de la même manière ?

Pas nécessairement. Nous l'avons vu, pour permettre à un employé d'atteindre un état de *flow,* vous pouvez modifier les exigences liées à son poste. S'agit-il là d'une exception à la nécessité de rester équitable ? Passerez-vous pour inéquitable si vos exigences varient de la sorte ? C'est possible.

Les employés ont des exigences, des aspirations, des personnalités et des habiletés différentes. Si vous vous entêtez à les traiter comme s'ils étaient identiques, vous n'arriverez pas à établir un bon rapport avec eux. La nécessité d'offrir un traitement égal à chacun vaut en théorie, mais la pratique exige que vous vous adaptiez.

C'est ici que le rôle de patron se révèle un art plutôt qu'une science. Il n'existe pas de règles absolues en matière de leadership. Un excellent patron dans une organisation peut se révéler minable dans une autre. Les pistes de réflexion présentées dans ce chapitre vous aideront à viser à la fois l'équité et la flexibilité.

Il est possible d'améliorer ses relations avec chaque employé en fonction de son type psychologique, qu'on peut établir à l'aide de l'indicateur MBTI[1]. Conçu par Katharine Briggs et Isabel Myers, qui se basaient elles-mêmes sur les travaux de Carl Gustav Jung, l'indicateur MBTI situe les individus sur quatre échelles. Ces échelles permettent ensuite, tout comme nous l'avons fait pour les types de patrons, de dégager 16 types psychologiques.

Si vous adaptez vos stratégies de communication à la personnalité de chaque employé, vos messages auront plus d'impact. Ils seront mieux compris et ils pousseront davantage à l'action. Voici quatre avenues de réflexion qui vous aideront à y arriver.

M'adapter aux extravertis et aux introvertis

Remémorez-vous la dernière réunion à laquelle vous avez participé. Rappelez-vous comment chaque participant se comportait pendant la rencontre. Qui parlait plus souvent qu'à son tour ? Qui monopolisait la discussion ? Qui avait tendance à couper la parole à ses collègues ? Qui se tenait coi dans son coin ? Qui n'a à peu près pas parlé ? Qui répondait rapidement aux questions ? Qui réfléchissait avant de répondre ?

---

[1] La théorie des types psychologiques fait l'objet du livre *Avec qui travaillez-vous ?*, également publié aux Éditions Transcontinental.

Les gens ne communiquent pas tous de la même manière. Quand vous cherchez à connaître l'opinion de vos employés, certains vous la disent spontanément, tandis que d'autres ont besoin de se faire prier. Ces différences s'expliquent à l'aide de la première échelle de l'indicateur MBTI.

À une extrémité de cette échelle, vous avez les extravertis. Pour refaire leur énergie, les extravertis se tournent vers l'extérieur. Ils préfèrent l'action à la réflexion et les rencontres à la solitude. Au cours d'une discussion, ils prennent plus souvent la parole. Ils parlent plus rapidement et répondent souvent aux questions avant même que vous ayez terminé de les formuler. Ils prennent également plus de place et n'hésitent pas à pénétrer dans la bulle des personnes avec qui ils entrent en contact.

À l'autre extrémité de cette échelle, vous avez les introvertis. Pour retrouver leur énergie, les introvertis se tournent vers l'intérieur d'eux-mêmes. Ces personnes préfèrent la réflexion à l'action et les communications médiatisées plutôt que les face-à-face. Elles parlent plus lentement, font des phrases plus courtes et marquent souvent une pause avant de répondre aux questions.

Cela n'est pas sans causer des frictions à l'occasion. Les introvertis trouveront les extravertis bavards, futiles ou envahissants. Les extravertis trouveront les introvertis cachottiers, lents ou peu coopératifs. Une partie de votre travail de patron consiste à aider tout ce beau monde à bien travailler ensemble. Ce n'est pas toujours facile.

En tant que patron, vous avez également vos préférences. Le patron extraverti est plus à l'aise avec les gens. Il pose des questions, lance des idées et aime entrer en contact avec son personnel. Le patron introverti est souvent plus à l'aise dans son bureau et, s'il entre en contact avec ses employés, ce sera à la pièce, parce qu'il a quelque chose à demander.

Naturellement, vous vous situez quelque part entre les deux extrémités du spectre, mais vous avez une préférence pour un style ou l'autre (cette observation vaut également pour vos employés et pour les trois autres échelles du MBTI que nous verrons d'ici à la fin de ce chapitre). Alors, que pouvez-vous faire pour améliorer vos relations avec vos employés selon qu'ils sont introvertis ou extravertis? Voici quelques suggestions.

Au cours d'une réunion, il n'est pas rare que les extravertis, surtout s'ils sont majoritaires, prennent tout le temps de parole et que les introvertis se taisent. Dans ces circonstances, vous êtes privé de leur savoir et de leur expertise. N'hésitez pas alors à partir en quête de cette information. Faites un tour de table au cours duquel tous devront formuler leur opinion ou demandez aux introvertis de s'exprimer.

Si vous vous lancez dans un processus de consultation pour connaître l'avis des membres de votre équipe à propos d'une décision à prendre, vous aurez plus de succès en abordant individuellement vos employés introvertis. Vous pouvez également leur soumettre votre problème et leur accorder un temps de réflexion au lieu d'exiger une réaction immédiate. Allez-y d'un bon « J'aimerais avoir ton opinion à ce sujet d'ici la fin de la journée » et vous obtiendrez le fruit d'une réflexion approfondie.

Quand vous discutez avec un employé introverti, limitez le bavardage et entrez dans le vif du sujet. Respectez sa bulle, ne vous approchez pas trop de lui. Ne vous sentez pas obligé non plus de meubler le silence : il s'apprête peut-être à vous dire quelque chose d'important. Pour faire plaisir à un employé introverti, invitez-le à une conférence.

Quant aux employés extravertis, vous pouvez les aborder en groupe et vous pouvez vous attendre à une réaction immédiate de leur part. Avec eux, évitez les longs préambules et réagissez rapidement à leurs propos. Au besoin, posez-leur des questions plus pointues. Et pour faire plaisir à un employé extraverti, invitez-le à un événement où il pourra entrer en contact avec de nombreuses personnes.

Prenez garde d'afficher une préférence pour les employés qui ont le même style que vous. En agissant de la sorte, vous vous privez de relations profitables.

M'adapter aux sensitifs et aux intuitifs

Traitons maintenant de la manière dont vos employés perçoivent le monde. Les gens n'accumulent pas tous l'information de la même manière. Rappelez-vous la dernière réunion que vous avez convoquée afin de résoudre un problème. Il est probable que certains employés tenaient à dresser la liste des facteurs contribuant au problème, tandis que d'autres sautaient aux conclusions et tentaient de dresser un portrait global de la situation à résoudre.

Les gens qui se situent à une extrémité de cette échelle perçoivent la réalité par les sens, c'est-à-dire qu'ils concentrent leur attention sur des éléments d'information. Ces employés sont intéressés par les faits et le moment présent. Ils veulent comprendre une situation en détail. Ils voient les arbres plutôt que la forêt.

Les gens qui se situent à l'autre extrémité de l'échelle perçoivent la réalité par l'intuition. Leurs sens transmettent l'information au subconscient, qui la livre globalement à la conscience sous une forme « prédigérée », formant un tout. Cette information a été perçue par les sens, mais c'est une fois transformée qu'elle atteint leur conscience, qu'ils ont l'impression de la percevoir. Ces employés sont intéressés par un portrait global de la situation, par les tendances et par les implications éventuelles. Les détails les ennuient un peu ; ils voient la forêt plutôt que les arbres.

Cela n'est pas sans causer de frictions à certains moments. À l'occasion d'une réunion convoquée afin de trouver une solution à un problème, ceux qui perçoivent par les sens voudront consigner tous les faits avant de tirer une conclusion. Ceux qui perçoivent par l'intuition dégageront souvent des conclusions dès le début de la rencontre et proposeront la première solution qui leur vient à l'esprit. Dès qu'ils se font une image de la situation, certains intuitifs croient que toute démarche supplémentaire est superflue et qu'il est temps de passer à l'action. Les sensitifs considèrent quant à eux que le travail de collecte de données, s'il était arrêté maintenant, aurait été bâclé. Deux points de vue opposés que vous vous devez de réconcilier.

Les sensitifs perçoivent naturellement les problèmes en cours, tandis que les intuitifs excellent à anticiper les problèmes. Les premiers aiment régler les problèmes à mesure qu'ils se présentent, les seconds aiment planifier afin que les difficultés soient évitées. Une équipe efficace comprend des gens des deux types. Cet heureux mélange est essentiel au succès collectif.

Voyons comment vous pouvez améliorer votre performance auprès de vos employés, que ceux-ci soient intuitifs ou sensitifs.

Rappelez à vos employés sensitifs qu'il vaut mieux soigner la maladie que les symptômes. Trop souvent, ils s'en tiennent aux faits pris indépendamment et parviennent difficilement à les relier. Ils peuvent donc être portés à investir des efforts au mauvais endroit. Une fois les faits réunis, il faut dresser un portrait d'ensemble de la situation.

Rappelez-leur également que la résolution du problème actuel est incomplète si on ne se demande pas comment faire pour éviter qu'il se reproduise plus tard. La prévention est de mise.

Les sensitifs aiment bien la routine. Ils accueilleront mieux un changement si celui-ci est apporté graduellement ou si l'ancienne façon de faire est maintenue jusqu'à ce que la nouvelle façon ait fait ses preuves.

Que faire maintenant pour mieux encadrer vos employés intuitifs ? Premièrement, s'il y a un problème à régler, encouragez-les à ne pas s'arrêter à la première solution trouvée. L'intuitif ne trouve pas les solutions au fil d'une démarche linéaire. On lui présente un fait, puis un autre et, subitement, tout s'éclaire et il a l'impression que telle solution s'impose. Du coup, il n'a pas envie de chercher ailleurs étant donné que la première idée qui lui est venue à l'esprit semble aller de soi. En exigeant de l'intuitif d'autres solutions, vous l'aiderez à exploiter sa formidable imagination et à se rendre compte que la première idée n'est pas forcément la meilleure.

Deuxièmement, encouragez vos intuitifs à ne pas arrêter d'accumuler les données sous prétexte qu'ils se sont déjà fait une bonne idée de la situation globale à partir de bribes d'information. Les meilleures décisions se prennent devant un tableau complet de la situation.

Troisièmement, rappelez-leur qu'une certaine stabilité est nécessaire dans une organisation : on ne peut pas tout virer à l'envers chaque fois que l'envie leur en prend. Certains intuitifs ont en effet tendance à se concentrer sur la dernière bonne idée qu'ils ont eue au lieu de poursuivre le travail entamé précédemment.

M'adapter aux cérébraux et aux émotifs

Une fois la collecte d'information effectuée, il faut traiter les données afin de prendre des décisions éclairées. Encore une fois, les êtres humains diffèrent quand ils abordent cette étape.

À une extrémité de l'échelle se trouvent les employés cérébraux. Ces derniers préfèrent décider en recourant à la logique et en choisissant la solution optimale, qui permet à l'organisation d'atteindre ses objectifs. Ils savent peser le pour et le contre. Leurs décisions sont prises avec aplomb et se basent sur une synthèse des faits.

À l'autre extrémité de l'échelle se trouvent les émotifs. Pour décider, ceux-ci se fient à leurs valeurs et écoutent leurs sentiments. Ils ne tombent pas pour autant dans la sensiblerie, mais, pour eux, la solution optimale d'un point de vue logique est inacceptable si elle cause du tort à autrui. Alors que l'employé cérébral cherche une solution rationnelle, l'employé émotif cherche une solution applicable sans trop de heurts.

Cela n'est pas sans causer de frictions à l'occasion. Devant une situation difficile (la fermeture d'un service en vue de le confier à un sous-traitant, par exemple), les émotifs auront tendance à traiter les cérébraux de sans-cœur, tandis que les cérébraux traiteront leurs collègues d'irrationnels ou d'hystériques! Ce n'est pas étonnant : les cérébraux abordent les problèmes sous un angle impersonnel, tandis que les émotifs s'interrogent sur les impacts personnels qu'auront leurs décisions.

Qui a raison? Dans quel camp devriez-vous vous ranger? Disons que la meilleure décision est une décision logique qui tient compte des impacts probables sur les personnes impliquées. N'envisagez pas d'exclure les émotifs d'un groupe décisionnel parce qu'ils laissent trop de place à des considérations personnelles. Vous n'avez pas envie de perdre des clients parce qu'on n'a pas tenu compte de leurs besoins. Vous n'avez pas envie non plus de crouler sous les griefs parce que vous n'avez pas mesuré les répercussions d'une décision avant de l'approuver. Vous avez besoin des deux points de vue.

Comment pouvez-vous parvenir à tirer le maximum de chacun de ces types d'employés ? Les quelques suggestions que voici constituent un pas dans la bonne direction.

Félicitez l'émotif qui, dans une réunion, est parvenu à désamorcer une chicane naissante en démontrant à deux collègues que leurs points de vue n'étaient pas irréconciliables. Les émotifs excellent dans ces situations.

Rappelez à un émotif que c'est sur la base de la qualité des arguments qu'il doit appuyer une proposition. Il peut être dangereux de soutenir d'emblée les idées de ceux qu'on considère comme des amis.

Rappelez-lui également que, même si l'harmonie est nécessaire dans une équipe, il est normal que des conflits éclatent de temps en temps quand les opinions divergent. Un conflit, loin d'être une maladie honteuse, peut aider l'organisation à progresser.

Ne manquez pas de faire remarquer à l'émotif que les efforts d'un employé sont certes évalués, mais que les résultats de son travail le sont également. Le fait qu'il se force, qu'il vive des difficultés à la maison ou qu'il souffre encore de son enfance malheureuse ne lui confère pas le droit de fournir un rendement médiocre.

Retenez finalement que les émotifs ont plus fréquemment besoin de marques d'appréciation que les cérébraux. Si vous espacez trop les félicitations, ils se demanderont ce qu'ils font de mal, ils deviendront anxieux et leur rendement chutera. Prévenez les coups en faisant régulièrement preuve de reconnaissance.

En ce qui concerne les cérébraux, faites-leur remarquer que les gens ne carburent pas uniquement aux raisonnements logiques basés sur des faits. Il faut tenir compte de leurs sentiments si on souhaite mériter leur appui et éviter la résistance passive-agressive. Cette résistance se produit lorsqu'une personne exprime son mécontentement par ses actions : par exemple, un employé, plutôt que de refuser une tâche, se traîne les pieds ou même sabote le travail.

Dites-leur qu'ils ont parfaitement le droit de poser des questions mais qu'ils peuvent devenir antipathiques s'ils se font systématiquement l'avocat du diable. Ce n'est pas un signe de faiblesse de faire confiance ou de faire preuve d'empathie.

Rappelez aux cérébraux que la décision optimale doit tenir compte des impacts probables sur les personnes concernées. Ne pas tenir compte de cet aspect, c'est faire son travail à moitié.

M'adapter aux organisateurs et aux adaptatifs

Avez-vous remarqué que, lorsque arrive le moment de prendre une décision, certains employés sont plus nerveux que d'autres ? Pour eux, l'incertitude est insupportable. Ceux que nous appellerons les organisateurs ont besoin de planifier, de décider et de contrôler ce qui se passe. Ils se détendent dès qu'une décision a été prise ou dès que le déroulement d'une tâche a été planifié.

À l'opposé, d'autres employés, que nous appellerons les adaptatifs, semblent apprécier l'ambiguïté. Ils préfèrent ne rien décider à l'avance et s'adapter aux événements au fur et à mesure qu'ils évoluent. Alors que, pour les organisateurs, un bon environnement de travail est un endroit où les règles et les procédures sont bien définies, les adaptatifs préfèrent un milieu de travail encourageant la flexibilité. Il leur arrive de passer outre à certains règlements s'ils jugent que l'organisation en profitera.

Cela n'est pas sans causer de frictions, les organisateurs accusant à l'occasion les adaptatifs de manquer de sérieux, d'être indécis et improductifs. Pour leur part, les adaptatifs trouvent les organisateurs inflexibles, incapables de s'adapter et déplorent qu'ils cherchent à s'imposer et à prendre toutes les décisions.

Les désaccords sont plus fréquents quand l'organisation doit faire face à des changements. Les adaptatifs apprécieront cette occasion offerte aux membres de l'équipe de s'adapter, d'évoluer. Les organisateurs, quant à eux, craindront de s'engager dans un sentier qui n'a pas encore été balisé. Ils n'aiment pas les situations où les règles sont floues. En conséquence, ils s'accrochent au statu quo.

Que pouvez-vous faire pour tirer le meilleur parti de vos organisateurs et de vos adaptatifs ? Les quelques conseils que voici vous aideront.

Rappelez aux organisateurs qui vous avouent ne pas comprendre le comportement des adaptatifs que ceux-ci fonctionnent souvent mieux sous la pression, ce qui explique qu'ils attendent avant de se lancer dans l'accomplissement d'une tâche. Invitez les organisateurs à être compréhensifs.

À l'opposé, faites remarquer aux adaptatifs que leurs collègues organisateurs éprouvent un grand besoin de planifier le travail et qu'il est tout à fait normal d'établir un échéancier et de se partager les tâches. Demandez leur coopération. Par contre, les organisateurs devront comprendre qu'il est impossible de tout planifier, que les imprévus font partie de la réalité organisationnelle et que, même si elles sont énervantes à l'occasion, votre équipe est chanceuse de pouvoir compter sur des personnes spontanées, capables de s'adapter rapidement à un environnement changeant.

N'imposez pas à vos adaptatifs une gestion du temps traditionnelle, car vous les rendriez malheureux. Apprenez-leur plutôt à définir les priorités et à vaincre la procrastination. Vous verrez alors leur productivité s'améliorer.

• • •

La diversité que vous trouvez parmi vos employés ne constitue pas un problème de gestion. Au contraire, c'est une force sur laquelle vous devez miser. Cette diversité vous permet d'aborder les problèmes sous divers angles et elle vous protège de la pensée de groupe (*groupthink*) qui paralyse trop d'équipes. En fait, vous devriez vous inquiéter si vous vous retrouviez avec des individus aux profils identiques.

Ne vous entourez pas uniquement d'employés partageant votre type psychologique, même si cela peut être tentant. Les discussions sont bien moins longues quand tous partagent votre façon de voir le monde et de décider. Cependant, cette formule n'est viable que dans les monopoles fortement bureaucratisés qui font partie de marchés statiques. De tels environnements existent-ils vraiment?

Visez l'hétérogénéité quand vous mettez des équipes sur pied. Elles seront en mesure de dresser un portrait plus réaliste d'une situation et elles y gagneront en efficacité.

Le fait de modifier vos comportements en fonction du type de personne à qui vous vous adressez n'implique pas que vous êtes inéquitable et que vous pratiquez plusieurs types de gestion. Cela veut simplement dire que vous respectez tous vos employés comme ils sont, et ça, c'est faire preuve d'équité.

6 > Gérer, c'est...

Il n'est pas toujours facile de devenir boss. Cela implique de quitter un poste dans lequel on se sentait compétent et en sécurité pour se retrouver dans un poste qu'on a peut-être voulu obtenir mais qui, il faut bien l'avouer, suscite une certaine nervosité.

Alors, quand une crise se produit ou quand les fonctions sont plus exigeantes, on en vient à regretter son ancien poste. Pas étonnant qu'on soit tenté, quand son successeur n'est pas à la hauteur, de le tasser et de faire le travail à sa place. À ce moment, on retrouve la sécurité de l'emploi précédent.

Vous avez vécu cette situation? Vous n'êtes pourtant plus payé pour occuper votre poste précédent. Vous n'êtes plus un musicien. Vous êtes maintenant chef d'orchestre. Et si vous n'assumez pas pleinement votre rôle, les musiciens que vous dirigez produiront des sons cacophoniques. Dans ce chapitre, nous vous présentons vos nouvelles responsabilités.

Gérer, c'est planifier

Quand vous avez obtenu le grade de p'tit boss, on vous a fixé des objectifs à atteindre et confié des ressources humaines, matérielles, financières, etc. Votre travail consiste à atteindre ces objectifs avec les ressources allouées. Pour y arriver, vous aurez à planifier comment chaque ressource sera utilisée.

Selon la structure de votre organisation et la nature du service que vous dirigez, vous devrez peut-être planifier les horaires des employés, les commandes de matières premières, les programmes de formation de vos employés, les périodes de vacances de chacun, le budget, le programme d'entretien des équipements, le programme d'acquisition et d'installation des nouveaux équipements, etc.

Souvent, le manque de temps sert de prétexte pour négliger la planification, qui, pourtant, présente de nombreux avantages.

La planification limite les conflits entre des membres du personnel. Par exemple, si vous prévoyez d'avance l'horaire des vacances, vous limiterez les frustrations qui ne manqueront pas de surgir si une personne est empêchée de partir à la dernière minute parce qu'un autre employé a prévu la même date de congé. Par ailleurs, si vous planifiez bien la production, vous réduirez les risques de conflit entre le service après-vente et le service de la livraison. Une organisation, c'est un ensemble de services interdépendants.

La planification augmente la satisfaction des clients internes et externes. Une bonne planification permet de respecter les attentes de la clientèle et d'éviter les retards ou les erreurs de livraison.

La planification permet une meilleure allocation des ressources. Celles-ci étant limitées, vous ne devez pas les investir dans des activités peu importantes aux dépens d'activités prioritaires. Grâce à la planification, vous êtes en mesure de faire des choix et de diriger les ressources là où elles contribueront à réaliser la mission de votre service.

La planification permet une meilleure gestion des employés. En vous rendant capable d'établir des objectifs, de suivre la progression des travaux et de donner à vos employés une rétroaction continue sur les chances d'atteindre ces objectifs, la planification fait de vous un meilleur gestionnaire.

Planifier vous rend proactif. Au lieu de réagir aux événements et de vous retrouver en état de crise parce qu'il manque un employé ou qu'une commande n'a pas été expédiée, grâce à une bonne planification, vous prendrez les devants et aiderez les membres de votre équipe à se retrouver plus souvent en état de *flow*.

Demandez à votre supérieur quels outils sont déjà en place pour vous aider à planifier et quelles sont ses attentes à votre égard. Si vous ne vous sentez pas tout à fait d'attaque en matière de planification, exigez de la formation.

Gérer, c'est déléguer

Une fois votre planification suffisamment avancée, vous vous retrouverez avec des tâches à distribuer. Vous ne pouvez quand même pas tout faire tout seul !

Déléguer, c'est confier l'exécution d'une tâche à une autre personne tout en en conservant la responsabilité. En effet, le fait de déléguer une tâche ne vous libère pas de votre responsabilité. Si le mandat est mal exécuté, vous ne pouvez pas dire que ce n'est pas votre faute, que c'est votre employé qui s'est fourvoyé. En tant que patron, vous êtes responsable de la qualité du travail de tous vos employés.

Le patron qui sait déléguer en retire beaucoup d'avantages.

Une implication accrue du personnel. En offrant à vos employés des défis adaptés à leurs compétences, vous les poussez à apprendre sans générer d'anxiété. Ce type d'expérience est valorisant et agréable. Il pousse les gens à rechercher d'autres défis qui accroîtront encore leurs compétences. Ce faisant, en plus de profiter de l'implication accrue du personnel, vous contribuez à l'amélioration globale de votre service.

La préparation de la relève. En confiant une même tâche à plusieurs personnes à tour de rôle, vous faites en sorte que cette tâche ne soit pas maîtrisée par un seul employé, ce qui rendrait votre service vulnérable advenant le départ ou l'absence de celui-ci.

Une meilleure productivité. Si vous vous entêtez à tout faire, votre rendement plafonnera rapidement et votre capacité à encadrer vos employés chutera en raison de la fatigue et de l'embourbement. Une bonne délégation vous permet de maximiser la production de votre service sans vous épuiser.

Un antidote à l'ennui. Offrir un nouveau défi à un employé qui entre progressivement dans le quadrant de l'ennui le ramènera en état de *flow*. Ainsi, son rendement et son plaisir au travail iront grandissant.

Pour plusieurs raisons, un patron éprouve souvent de la difficulté à déléguer. Premièrement, il est persuadé qu'il fera mieux le travail que n'importe quel employé à qui il pourrait le confier. Il a souvent bien raison, surtout s'il s'agit d'une tâche qu'il accomplissait avant d'être nommé patron. Cependant, il doit maintenant composer avec les défis de la relève et de la formation. S'il prive ses employés d'apprendre, il n'assume pas pleinement son statut de patron.

Deuxièmement, un patron peut refuser de déléguer certaines tâches parce qu'il aime bien les accomplir. Cela lui permet de décrocher de son rôle de patron pendant quelques instants et de retrouver la sécurité que procure la parfaite maîtrise du travail. En agissant de la sorte, il n'assume pas ses fonctions de patron.

Troisièmement, un patron peut considérer qu'il serait trop long d'expliquer à d'autres comment accomplir la tâche qu'il fait si rapidement lui-même. Enseigner une tâche prendra certes du temps, mais uniquement la première fois. Par la suite, si les connaissances ont été transmises, tout employé sera capable d'effectuer le travail sans encadrement.

Quatrièmement, le patron qui manque de confiance en lui craint que les employés à qui il confierait certaines tâches finissent par les accomplir mieux que lui. C'est le manque de confiance en soi, dans ce cas, qui l'empêche de bien jouer son rôle.

Cinquièmement, un patron peut refuser de déléguer par crainte de perdre le contrôle. Il se dit que la tâche est trop importante et que, même s'il la déléguait, il devrait en suivre le déroulement du début à la fin ; au bout du compte, l'organisation sera mieux servie s'il s'en occupe. Vous n'avez pas à craindre de perdre le contrôle si vous suivez ces sept étapes.

Étape 1. Définir le travail à accomplir

Si vous ne pouvez pas définir clairement la tâche à déléguer, vous pourrez difficilement communiquer vos attentes à votre employé de confiance et le succès de la délégation sera aléatoire. Pour amorcer le travail, notez vos réponses aux questions suivantes.

> *De quoi s'agit-il?* Qu'est-ce qui devra être accompli? Quelle séquence la réalisation de cette tâche implique-t-elle?

> *Quel est l'échéancier?* Soyez précis parce que cette date butoir aidera l'employé à décider si ses engagements actuels lui permettent d'accepter ce mandat.

> *Ce mandat est-il réaliste?* La personne qui l'acceptera est-elle condamnée à subir un échec? Si tel est le cas, redéfinissez le mandat afin de le rendre réalisable.

> *Sur quelles ressources la personne mandatée pourra-t-elle compter?* Établissez son budget, évaluez s'il lui est possible de se constituer une équipe. Aura-t-elle suffisamment de ressources pour réussir?

> *Sur quelles bases le mandat sera-t-il évalué?* Votre évaluation des résultats ne doit pas être arbitraire. Vos critères doivent être connus si vous voulez passer pour un patron de type N (navigateur).

Une bonne définition de la tâche à déléguer vous permet de préciser vos attentes et vous guide dans le choix de l'employé à qui la tâche sera confiée.

Étape 2. Choisir l'employé à qui la tâche sera confiée

À qui confierez-vous cette tâche? Faites défiler dans votre esprit tous vos employés et demandez-vous ce qui suit pour chacun.

- A-t-il les compétences nécessaires ?

- A-t-il les connaissances nécessaires ?

- Peut-il être formé à temps pour pouvoir accepter le mandat ?

- Ce mandat correspond-il à ses champs d'intérêt ?

- Ce mandat s'inscrit-il dans son cheminement professionnel ?

- A-t-il le temps, considérant son volume de travail, de réaliser ce mandat dans les délais ?

Le graphique jumelant les exigences de la tâche et les habiletés de l'employé (p. 73) pourra vous guider dans le choix de l'employé à qui la tâche sera déléguée.

Étape 3. Délimiter le pouvoir qui sera délégué

L'employé à qui un mandat sera confié aura-t-il carte blanche ou devra-t-il demander la permission chaque fois qu'il voudra assigner des ressources à la réalisation de son mandat ? Pourra-t-il signer des contrats ? Devra-t-il vous faire un rapport avant de procéder ? Son mandat est-il exploratoire ou exécutoire ? Ces questions doivent être clarifiées pour éviter toute mésentente.

Étape 4. Négocier l'entente

Vous devrez bien expliquer le mandat à l'employé que vous avez pressenti. Décrivez-lui la tâche, vos attentes et le pouvoir délégué. Expliquez pourquoi vous l'avez pressenti et demandez-lui s'il est en mesure de relever ce défi.

Il se peut que cet employé n'ait pas le temps. S'il a d'autres mandats qui font en sorte qu'il est incapable d'en prendre davantage, vous devrez confier la tâche à quelqu'un d'autre ou revoir l'ensemble des échéanciers.

S'il considère que le mandat est irréalisable compte tenu des ressources que vous entendez y consacrer, lancez-vous conjointement dans une réévaluation complète. Il est possible que vous ayez sous-estimé l'ampleur du projet.

Une fois l'entente conclue à la satisfaction des deux parties, l'employé devrait pouvoir expliquer, dans ses mots, la nature du mandat et les résultats attendus.

Étape 5. Préparer l'échéancier

Vous ne voulez pas passer pour un patron de type M (axé sur les moyens), mais vous tenez à être au courant de la progression du mandat ? Avec votre employé, établissez immédiatement un échéancier qui prévoit les moments où vous vous rencontrerez pour faire le point. Si ces rencontres sont programmées à l'avance, vous ne passerez pas pour un assoiffé de contrôle.

Le nombre de rencontres dépend de la complexité du mandat, de son importance stratégique pour votre service et pour l'organisation, de la confiance que vous avez en votre employé et de son besoin d'encadrement. Profitez de la préparation de l'échéancier pour informer votre employé du meilleur moment pour vous joindre si des imprévus se présentaient ou si des suppléments d'information devenaient nécessaires. L'échéancier doit être assez flexible ; ne le présentez pas comme s'il était immuable.

Étape 6. Intervenir en cours de route

Il peut arriver qu'une intervention de votre part soit nécessaire pendant la réalisation d'un mandat délégué. Ce sera le cas si vous vous rendez compte que votre employé prend une mauvaise tangente ou se dirige vers un échec. Il arrive aussi que ce soit l'employé qui demande l'intervention de son supérieur parce qu'il se rend compte que l'échéancier ne sera pas respecté.

La nature de votre intervention dépendra des objectifs de l'organisation et de la nécessité pour votre employé d'apprendre, d'acquérir des connaissances et de développer ses compétences. Le tableau suivant montre différents types d'interventions.

Observation	Soutien	Prise en charge
Silence	Question directive	Directive
Question de clarification	Suggestion	Ajout d'un équipier
	Partage d'idées	Retrait du mandat

L'observation

Votre intervention peut consister à ne rien faire, quitte à ce que le mandat se conclut par un échec. Comme mode d'intervention, l'observation implique que vous gardiez le silence ou, si l'employé vous demande conseil, que vous lui posiez une question destinée à alimenter sa réflexion, comme celles qui suivent. Mais c'est à lui de trouver la réponse.

- C'est un beau problème. Comment se fait-il qu'il se présente maintenant ?

- Un retard ? As-tu refait l'échéancier ?

- Où pourrais-tu trouver l'information manquante ?

Après ce type d'intervention, la situation peut s'améliorer ou se détériorer. Selon le cas, vous aurez à changer de stratégie. Dans une situation où le sort de l'organisation ne dépend pas de la parfaite exécution du mandat, l'observation vous permet de tester le potentiel de l'employé et d'accélérer son apprentissage.

Vous vous demandez peut-être dans quelle situation un patron laisserait son employé se planter. Voici l'exemple de Danielle, directrice des ventes. Depuis le début de la matinée, elle observe son nouveau vendeur en interaction avec des clients. Il a jusqu'ici fait trois ventes, mais six clients sont partis sans acheter. Danielle a pris en note les éléments que le vendeur devra travailler. Elle remarque qu'il a déjà, de lui-même, amélioré son approche et son écoute. Mais il demeure que six clients sont partis sans acheter !

Le soutien

S'il est important de faire du mandat une réussite et qu'il appert que l'observation sera insuffisante, une intervention plus poussée sera nécessaire. Offrir son soutien consiste à aiguiller l'employé, sans pour autant lui retirer le contrôle du projet, afin qu'il relève le défi. C'est lui qui sera félicité si le mandat se conclut par une réussite.

Pour mener à bien cette intervention, vous pouvez poser des questions directives, émettre des suggestions ou partagez des idées avec votre employé. Voici comment Danielle pourrait utiliser ces trois options.

La question directive : « Pourquoi as-tu fait cette blague ? As-tu remarqué que le client a perdu son sourire ? »

La suggestion : « Ne te sens pas obligé, avec le prochain client, de détendre l'atmosphère en faisant une blague. Les clients n'apprécient pas tous l'approche humoristique. »

Le partage d'idées : « J'ai lu quelque part que, pour être en confiance, un consommateur a besoin de sentir que le vendeur partage ses valeurs, qu'il lui ressemble. Est-ce applicable dans notre entreprise ? Qu'est-ce que tu en penses ? »

Les interventions de soutien sont plus directives, mais l'employé est toujours libre d'en tenir compte.

La prise en charge

L'intervention se transforme en prise en charge quand le succès du mandat est important pour l'organisation et qu'il devient évident que l'employé ne sera pas en mesure de le réaliser tout seul. Trois possibilités s'offrent au patron qui doit intervenir de cette façon.

1. *La directive.* Contrairement à la suggestion, la directive n'est pas négociable. Le patron constate que le mandat connaît des ratés et il commande à l'employé de faire telle ou telle action. Si le mandat se solde par une réussite, l'employé y sera tout de même associé.

2. *L'ajout d'un équipier.* Constatant que le mandat ne progresse pas comme il le devrait, le patron impose un équipier à l'employé. Sur le plan opérationnel, ces deux employés auront les mêmes pouvoirs et, si le mandat est clos d'heureuse façon, ils y seront tous deux associés.

3. *Le retrait du mandat.* Constatant qu'il a mal évalué les capacités de son employé, le patron met un terme au mandat ou le confie à quelqu'un d'autre. Si le mandat finit par être un succès, l'employé n'y sera pas du tout associé.

Parce que cette stratégie a un impact immédiat sur la qualité des relations entre le patron et l'employé, on l'utilise en dernier recours. Bien souvent cependant, il vaut mieux retirer un mandat à un employé que de le laisser se casser les dents, surtout si l'organisation risque gros. Il ne s'agit pas d'un désaveu pour autant. Un bon patron prendra une partie du blâme et conclura que son employé n'était pas encore prêt.

Étape 7. Procéder à l'évaluation finale du mandat

Une fois le mandat terminé, il faut procéder à son évaluation. A-t-il été un succès ? Pourquoi ? A-t-il été un échec ? Pourquoi ? Les ressources allouées étaient-elles suffisantes ? Les hypothèses de départ étaient-elles fondées ? Qu'est-ce qui devrait être fait la prochaine fois pour améliorer les chances de succès ?

Il est également important de l'évaluer du point de vue de l'employé. Quelles nouvelles compétences a-t-il développées ? Est-il prêt à relever un défi encore plus exigeant ? A-t-il apprécié ce type de mandat ? Aimerait-il que l'expérience soit répétée ?

L'évaluation finale d'un mandat est le prélude du suivant. Le patron qui ignore cette étape est condamné à répéter les mêmes erreurs, encore et encore.

Gérer, c'est féliciter

Il en a été question au chapitre précédent, les employés émotifs ont besoin de marques de reconnaissance, sinon leur rendement, tout comme leur humeur, chute rapidement.

Ils ne sont pas les seuls à éprouver ce besoin. En fait, tous les employés ont besoin de se faire dire ce qu'ils font de bien. Si vous ne vous donnez pas la peine de le faire, vous assumez mal votre rôle de boss. C'est d'autant plus regrettable que vous vous privez des trois avantages suivants.

1. Les employés qu'on félicite pour un comportement ont tendance à le reproduire.

2. Les employés apprécient davantage la personne qui leur adresse de bons mots.

3. Parce qu'il est à l'affût de leurs bons coups, le patron qui félicite ses employés est en bonne position pour découvrir leurs forces et leurs capacités.

L'idée de féliciter ceux que vous encadrez ne devrait pas vous mettre mal à l'aise. Vous ne passerez pas pour un flagorneur – et deviendrez un meilleur patron – si vous suivez ces conseils.

1. Soyez à l'affût

Les occasions d'offrir ses félicitations abondent, comme le prouvent ces exemples.

- Une commande urgente et imprévue a été livrée dans les délais prescrits et le client est ravi. Bravo à l'équipe !

- Rachel a eu une idée qui a permis de réduire de 10 % le volume de déchets. Bravo Rachel !

- Gilles a répondu avec brio à un client en colère. Quand celui-ci a quitté le magasin, il souriait à pleines dents. Bravo Gilles !

- Lors de sa première journée de travail, Édith a pu compter sur les précieux conseils de Julie. En fin de journée, elle avait été présentée à tous les membres du personnel. Bravo Julie !

- Un mal de dents a empêché Louis de se présenter au travail ce matin. Roger a accepté de le remplacer. Merci Roger !

Mettez votre radar en fonction. Les occasions de féliciter les employés sont bien plus nombreuses que vous pouvez l'imaginer. Par contre, n'offrez pas de félicitations sans raison. En adressant des félicitations non méritées, vous perdriez rapidement toute crédibilité.

2. Ne tardez pas à réagir

C'est le plus rapidement possible que vous devez féliciter la personne qui a fait un bon coup. N'allez surtout pas mettre une note à son dossier dans le but de la féliciter, dans trois mois, au moment de son évaluation annuelle ! Un feed-back, qu'il soit positif ou négatif, doit être donné sans attendre.

3. Soyez précis

Ne vous contentez pas de vagues félicitations. Il ne suffit pas de dire « Bon travail » ; il faut plutôt préciser en quoi ce travail est digne de mention. Par exemple, au lieu de dire « Bon travail, Gilles », allez-y d'un « J'ai été impressionné par l'aplomb avec lequel tu as répondu à ce client en colère. Toutes mes félicitations ! »

Si vous n'êtes pas précis, vous n'obtiendrez pas nécessairement une répétition du comportement que vous voulez encourager et votre reconnaissance semblera superficielle.

4. Félicitez publiquement

N'hésitez pas à féliciter la personne méritante devant d'autres employés. La valeur de votre compliment sera alors multipliée et vous encouragerez l'émulation.

Rappelez-vous finalement que le fait de demander conseil à un de vos employés constitue une marque de reconnaissance, puisqu'il est alors indéniable que vous respectez son opinion.

Gérer, c'est aussi réprimander

Les employés ne font pas uniquement des bons coups. Il peut arriver que vous ayez à leur communiquer un feed-back négatif dans le but de corriger un comportement insatisfaisant. En fait, si vous n'informez pas un employé que certains de ses comportements sont inacceptables et, qu'un bon jour, à bout de patience, vous le limogez, il aura la possibilité de poursuivre votre organisation pour licenciement abusif. Vous n'aurez pas fait tout ce que vous pouviez pour qu'il modifie son comportement.

Il est possible de réprimander un employé sans nuire à votre relation professionnelle. Les conseils qui valent pour féliciter ses employés s'appliquent également (à l'exception du quatrième) quand vient le temps de les réprimander. Toutefois, il faut attendre d'être seul avec l'employé avant de lui faire remarquer qu'un comportement doit être modifié.

Si vous avez à réprimander un de vos employés, tenez-vous-en aux faits, sans l'attaquer personnellement. Par exemple, vous lui ferez remarquer ses nombreux retards sans l'accuser d'être paresseux. Vous émettrez un doute quant à ses affirmations sans le traiter de menteur. Si vous l'attaquez, il prendra une position de repli, et toute communication deviendra impossible.

Le feed-back, négatif ou positif, a pour objectif d'améliorer la productivité dans le service et les relations entre les employés. Il ne doit jamais servir d'arme pour attaquer un individu.

Vous terminerez sur une note positive le feed-back négatif que vous donnerez à un employé, par exemple en lui manifestant votre confiance en lui. Proposez-lui votre aide s'il vit une période difficile. En somme, faites la preuve que vous n'êtes pas là pour le réprimander mais pour trouver des moyens de mieux travailler ensemble.

Il est facile de s'accrocher à une vision parcellaire du métier de patron, de s'en tenir à la vieille vision voulant qu'être un boss, c'est simplement donner des ordres. Mais ce n'est pas suffisant pour relever les défis qui vous attendent. Être un patron, c'est bel et bien planifier, déléguer, féliciter et réprimander. N'ignorez pas une seule de ces responsabilités.

7 〉 *5 problématiques courantes*

Le métier de patron n'est pas toujours de tout repos. Si elles se présentent dans votre équipe, les problématiques que nous vous présentons dans ce chapitre pourraient vous causer bien des maux de tête, voire vous faire perdre de vue votre raison d'être dans l'organisation. Penchons-nous sur la délégation ascendante, les histoires d'amour au travail, le harcèlement, les conflits et la rationalisation.

La délégation ascendante

Votre service va bien et, avec le temps, vous vous êtes entouré de personnes compétentes et dynamiques. En théorie, vous devriez maintenant avoir plus de temps pour planifier et pour gérer. Mais voilà : vous avez l'impression de travailler comme jamais auparavant et d'être plus indispensable au roulement des affaires que vous ne l'avez jamais été. Vous hésitez à prendre quelques journées de congé par peur de ce que vous pourriez constater à votre retour au travail. Seriez-vous victime de délégation ascendante ?

Il y a délégation ascendante quand un membre d'une organisation fait en sorte que son travail soit accompli par une autre personne située plus haut que lui dans la hiérarchie. Par exemple, le subalterne qui veut déléguer une tâche à son patron l'abordera avec une des phrases suivantes : « Je me demande comment… » ; « Il faut que… mais je n'arrive pas à… » ; « Comment vous y prendriez-vous pour… » ; « Je le ferais bien, mais il faut que je… » ; « C'est difficile pour une recrue de bien… » ; « Que devrais-je faire à ce sujet ? »

Dans la majorité des cas, l'employé tend un piège à son patron. Celui qui s'y fait prendre ressent une certaine fierté, pour ne pas dire une omnipotence certaine. Il est en effet persuadé, intérieurement, d'être en mesure d'effectuer la tâche rapidement tout en faisant la preuve de sa compétence. Si l'employé le complimente en plus, le patron bombe le torse et est prêt à recommencer. Toutefois, si plusieurs employés recourent à ce stratagème, le patron ne tarde pas à être embourbé et à prendre du retard dans son travail.

Mais pourquoi un employé déciderait-il de déléguer une tâche qui lui revient à son supérieur hiérarchique ? Il y a plusieurs explications, mais elles peuvent souvent se résumer en un seul constat : l'employé a peur ou n'a pas envie d'assumer les responsabilités qu'il a pourtant acceptées au moment de son embauche. Sachant que si le travail est mal exécuté il risque d'encaisser des reproches ou des critiques, il choisit d'éviter de courir ce risque en vous faisant agir à sa place. Ainsi, si les choses tournent mal, il pourra dire : « Ce n'est pas ma faute, c'est vous qui avez fait ça ! » Il refuse de se servir du pouvoir que vous lui avez conféré à son arrivée dans votre organisation.

Le fait d'éviter de se mettre la tête sur le billot procure à plusieurs personnes un faux sentiment de sécurité, mais cette habitude leur fait courir de grands risques. Que se passera-t-il si vous êtes remplacé par une personne moins disposée à faire le travail de ses subalternes ?

Comment leurs performances seront-elles évaluées ? En fait, les personnes qui pratiquent la délégation ascendante sont prisonnières. Prisonnières parce qu'elles ne peuvent pas grandir dans leur emploi. Prisonnières parce qu'elles ont cessé d'apprendre. Prisonnières parce qu'elles dépendent d'un tiers (vous, en l'occurrence) pour bien paraître dans l'entreprise. Dans de telles conditions, ces personnes courent quelques dangers.

> *Elles restent des recrues.* Certaines personnes sont capables de rester en poste pendant des années tout en pratiquant la délégation ascendante. Pendant des décennies même, quand leur patron aime particulièrement cultiver son image d'omnipotence. Mais elles n'acquièrent pas d'expérience au cours de ces années ; elles font simplement « du temps ». Il est en effet possible d'afficher de l'ancienneté sans pouvoir revendiquer d'expérience.

> *Elles ne sont pas employables ailleurs.* Au bout de quelques années, parce que vous aurez lentement laissé leur employabilité se dégrader, vous vous sentirez coupable à l'idée de vous en départir et vous conserverez ces personnes dans votre équipe, même si elles seront devenues du bois mort.

> *Leur intérêt pour le travail finit par s'émousser.* Les gens sont faits pour grandir dans leur travail. S'ils n'ont pas l'occasion de se développer, ils finiront pas être blasés.

Mais comment libérer vos prisonniers ? Dans un premier temps, relisez leur description de tâches et retenez quelles sont leurs responsabilités. Quelle est leur raison d'être dans votre organisation ? Pourquoi les payez-vous ?

Dans un deuxième temps, apprenez à voir venir l'employé qui tente de vous faire assumer une de ses responsabilités. Il utilise généralement les mêmes tactiques d'une fois à l'autre. C'est normal : pourquoi changer une pratique gagnante ?

Dans un troisième temps, cessez de jouer le jeu. Voici une façon de mettre fin à la partie : « Je sais que l'idée d'appeler ce client te pèse beaucoup, mais c'est ta responsabilité. Je peux t'aider à préparer ton appel et je peux même assister à votre conversation afin de te donner du feed-back après coup. Mais c'est toi qui dois faire cet appel. »

Dans un quatrième temps, laissez votre employé accomplir sa tâche. Il est possible que sa performance soit défaillante, mais cela fait partie de son apprentissage. Intervenez plutôt après coup, en félicitant ce qui doit l'être, en résumant ce qui a été bien fait et en posant des questions sur ce qui pourrait être amélioré : « J'ai remarqué que le client a eu l'air sur la défensive dès les premières minutes de la discussion. Qu'est-ce qui a pu provoquer cela ? » Ou encore : « Il a affirmé qu'il n'avait pas reçu la documentation. À quoi cela peut-il être dû ? »

Dans un cinquième temps, s'il y a récidive, demandez clairement à votre employé s'il tente de vous déléguer ses tâches.

Il est bien entendu que de telles démarches vous demanderont plus de temps que si vous effectuiez le travail vous-même. Mais vous remarquerez rapidement la nouvelle assurance de votre employé, sa fierté devant sa performance et même une ouverture à l'idée d'accepter de plus grandes responsabilités.

Vous y gagnerez également : vous aurez plus de temps à investir dans votre planification, votre sentiment de sécurité croîtra parce que vous saurez que vous pouvez compter sur des employés compétents et votre service deviendra plus efficace.

On a beaucoup parlé de coaching ces dernières années. Coacher, c'est faire prendre conscience à ses subalternes du pouvoir qu'ils possèdent dans l'organisation, puis les aider à utiliser leurs habiletés et leurs connaissances afin qu'ils assument efficacement leurs responsabilités. Coacher, c'est également s'assurer qu'ils acquièrent de l'expérience, et pas seulement de l'ancienneté, dans l'organisation.

Vous pourrez ressentir ce beau sentiment d'omnipotence en entreprenant de relever d'autres défis. Pour l'instant, libérez vos prisonniers !

Une idylle est née dans mon service

Vous avez remarqué que, depuis quelques semaines, deux de vos employés se font les yeux doux et que, depuis deux jours, ils arrivent ensemble le matin. Comment devriez-vous réagir ? Devriez-vous vous opposer à cette relation amoureuse naissante ? De quel droit ?

S'il existe une politique relative aux relations amoureuses au travail dans votre organisation, elle orientera votre intervention. Sinon, vérifiez si la relation naissante entraîne des risques de collusion. Si c'est le cas, il vous faudra rencontrer les tourtereaux, les féliciter pour cette belle relation et leur expliquer que l'entreprise ne pourra les garder tous deux dans ces conditions. Ils devront accepter une mutation qui rendra la collusion et les conflits d'intérêts impossibles ou encore choisir qui part et qui reste.

La problématique est plus complexe s'il s'agit d'une relation entre un employé et son supérieur hiérarchique ; en effet, il y a risque que l'entreprise soit accusée d'avoir fermé les yeux sur un cas de harcèlement sexuel si l'idylle se termine mal ou que la performance de l'employé subalterne soit surévaluée par favoritisme. Alors, comme patron, vous ne devriez pas vous laisser tenter par une relation avec une personne que vous supervisez. Ce serait dangereux, tant pour vous que pour l'autre.

Vous pouvez être témoin d'une relation adultère, mais s'il ne s'agit pas d'une idylle entre supérieur et subordonné, et s'il n'y a pas risque de collusion, vous n'avez pas à vous interposer parce que ce n'est tout simplement pas de vos affaires. Restez toutefois attentif à une diminution soudaine de productivité. Dans ce cas, vous devrez agir rapidement.

L'idylle dont vous êtes témoin ne correspond pas à ce qui est décrit précédemment ? Il ne vous reste qu'à offrir aux tourtereaux un exemplaire du livre *Sexe et flirts au bureau*. Encouragez-les à lire le chapitre intitulé « Combiner sexe et travail ».

Une relation amoureuse entre deux employés peut avoir plusieurs conséquences, positives ou négatives, pour votre service. Du côté positif, notons une amélioration générale du climat de travail et une rétention des amoureux : ils sont si bien ensemble !

Du côté négatif, notons le danger de perdre un de ces employés s'il y a rupture dans le couple (il est difficile de continuer à travailler avec un ex-partenaire) et le risque de les voir quitter l'employeur ensemble s'ils ont un projet commun, comme se lancer en affaires ou faire le tour du monde en voilier.

Il y a un agresseur dans mon service

Le harcèlement, qu'il soit physique, sexuel ou psychologique, est une réalité qui ne peut être ignorée dans une organisation. Votre organisation est responsable du cadre de travail de vos employés et, en tant que p'tit boss, vous devez vous assurer qu'aucun abus n'est commis.

Il peut être tentant de fermer les yeux devant ce qui semble du harcèlement psychologique, surtout que ce type d'agression se produit souvent sous le couvert de l'humour ou peut même passer pour de la mauvaise humeur passagère. Mais voici ce que l'aveuglement volontaire peut coûter à votre service.

Un plus haut taux de roulement du personnel. Les victimes de harcèlement, tout comme les témoins de ces agressions, voudront quitter votre organisation quand elles se rendront compte que vous ne les respectez pas assez pour prendre les mesures nécessaires à la protection de vos employés. Si cela se produit, vous n'aurez pas relevé le défi de la rétention.

Une baisse de la productivité. Il est pénible de travailler dans un service où les droits d'un ou de plusieurs collègues sont régulièrement bafoués. Il n'est donc pas étonnant que la productivité chute dans une organisation où il y a des agressions psychologiques.

Le départ des plus compétents. Les employés les plus compétents connaissent leur valeur et savent qu'ils pourront se trouver un emploi ailleurs. Pourquoi continueraient-ils à travailler pour une organisation qui ne défend pas ses membres contre le harcèlement?

L'insatisfaction des clients internes et externes. Les membres de votre équipe ne pourront pas offrir la même qualité de service à leurs clients s'ils éprouvent moins de plaisir au travail. C'est tout à fait normal. Un climat interne malsain diminue la quantité d'énergie qui pourrait normalement être dirigée vers la clientèle.

Que pouvez-vous faire pour réduire les impacts négatifs du harcèlement dans votre service? Commencez par exiger de la direction une politique claire en matière de harcèlement. Confrontez l'agresseur dès que vous le pouvez et épiez-le. Plusieurs agresseurs, quand ils se sentent épiés, mettent un terme à leurs comportements abusifs.

Offrez une formation appropriée aux membres de votre équipe. Ils devraient être en mesure de reconnaître une agression quand elle a lieu. Une telle formation évitera aussi qu'on s'imagine des agressions où il n'y en a pas (cela arrive fréquemment).

L'employé bafoué devrait également avoir l'occasion de confronter son agresseur et de monter un dossier bien documenté lui permettant de porter plainte.

Finalement, rappelez à vos troupes l'importance du respect des autres dans l'accomplissement des tâches quotidiennes. Une équipe respectueuse n'accepte le harcèlement sous aucune forme.

Il y a des conflits dans mon service

D'une certaine manière, le service que vous gérez est une microsociété. On y retrouve des individus, partageant un pouvoir relatif et des objectifs communs ou divergents, qui doivent accomplir certaines tâches. Et comme dans une société, il arrive que des conflits surgissent.

Supposons qu'un de vos employés a séduit la partenaire de vie d'un de ses collègues et que tous deux se retrouvent maintenant à couteaux tirés. Devez-vous intervenir ? Supposons qu'un employé est arrivé au travail en retard et que cela a indisposé un des ses collègues qui comptait terminer son quart de travail à l'heure ? Devez-vous intervenir ?

Pour répondre à cette question, vous devez au préalable répondre à trois sous-questions.

1. *La qualité du travail des employés est-elle moindre à cause de leur conflit ?* Un des belligérants a-t-il tenté de saboter le travail de l'autre ? Des graffitis dégradants sont-ils apparus dans les toilettes ? La productivité du service a-t-elle baissé ?

2. *Le conflit touche-t-il les autres employés ?* Les employés se sentent-ils obligés de choisir un clan ? Les rumeurs nuisent-elles au rendement de chacun ? Le conflit a-t-il propulsé à l'arrière-plan le besoin de satisfaire les clients internes ou externes ?

3. *Votre crédibilité sera-t-elle entachée si vous ne faites rien ?* Si vos employés s'attendent à une réaction de votre part et que vous ne faites rien, votre réputation en prendra un coup. En effet, plusieurs croiront qu'il ne servira à rien désormais de compter sur vous pour régler un conflit. Les regards de vos employés sont-ils tournés vers vous ? Quelles sont leurs attentes ?

Si vous répondez par l'affirmative à une seule de ces questions, ce conflit vous concerne et vous devez intervenir. Si vos réponses sont négatives, la situation actuelle ne vous regarde pas. Vous n'avez pas à vous immiscer dans les affaires personnelles de vos employés et, si vous le faites malgré tout, vous risquez d'être accusé d'intrusion dans leur vie personnelle.

Vous avez le devoir de vous en mêler au moment où la performance de votre service diminue à cause du conflit. Dans ce cas, vous pouvez, après avoir fait remarquer aux parties que le conflit nuit au travail, leur offrir d'agir comme médiateur. Un médiateur n'impose pas son point de vue ; il aide les belligérants à régler leur différend. Un médiateur ne peut être imposé. Il faut que les deux employés soient d'accord pour entreprendre une démarche de médiation auprès de vous. De plus, un médiateur doit rester neutre, ne jamais prendre parti.

Si les deux parties acceptent que vous agissiez comme médiateur, vous pouvez tenir une rencontre. Commencez par demander à chacun de raconter sa version des faits, puis résumez la situation. Posez des questions de clarification. Offrez des pistes de solution et laissez les opposants trouver comment ils peuvent venir à bout du conflit.

Votre tâche consiste à faciliter le processus de réconciliation, à éviter qu'un employé s'emporte et à amener les parties à envisager l'avenir au lieu de ressasser le passé.

Le service des ressources humaines pourra vous aider si vous vous sentez mal à l'aise dans ce rôle. Devant un conflit insoluble, vous devrez séparer physiquement les deux employés en modifiant leurs horaires ou en mutant l'un d'eux dans un autre service.

La rationalisation

Le p'tit boss fait généralement partie des perdants quand survient une rationalisation. Pendant des semaines, il a su que les suppressions de personnel s'en venaient, mais il avait l'ordre de ne pas en parler. Au matin de la diffusion de la mauvaise nouvelle, il a dû annoncer à ses employés, après une ou plusieurs nuits d'insomnie, qui était mis à pied et qui conservait son poste. Et le lendemain, il se retrouve face aux employés «survivants», conscient des propos qui hantent leur esprit : « Il le savait, mais il n'a rien dit, le traître » ; « Il faisait comme si de rien n'était » ; « Il a dit à Jacques de ne pas s'en faire. Jacques n'a plus d'emploi aujourd'hui... » ; « J'étais persuadée qu'il était de notre bord. Pfftt ! »

Vous vous rappelez le premier graphique du chapitre 4, celui où l'on présentait les émotions ressenties au contact d'un patron ? Nous le reproduisons ici, légèrement modifié. Des flèches ont été ajoutées pour représenter l'impact de la rationalisation sur les émotions que ressentent les employés à votre contact. Remarquez que les employés glissent vers la gauche sur l'axe horizontal. Ce n'est pas étonnant : pour eux, vous avez perdu de votre bienveillance. Du coup, la confiance se change en simple respect et l'appréciation passive se mue en méfiance. Vous voici revenu à la case départ. Il vous faudra, au cours des prochains mois, faire à nouveau la preuve que vous voulez le bien de vos employés.

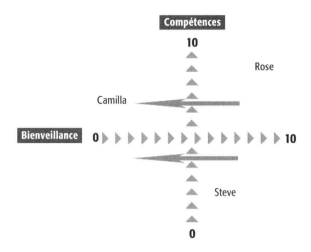

Comment vous y prendrez-vous? Ce n'est pas une bonne idée de garder le silence et de faire comme si rien ne s'était passé. Voici les six étapes que suggère Arthur R. Pell, auteur de *The Complete Idiot's Guide to Managing People*.

Étape 1.   *Lancer la discussion.* Laissez respectueusement les gens s'exprimer. Confirmez que la situation est désagréable et insistez sur le fait qu'il faut se mobiliser, qu'il faut continuer à faire de son mieux.

Étape 2.   *Animer une discussion sur le partage des tâches auparavant effectuées par ceux qui ont été mis à pied.* Qui fera quoi, maintenant? Vous pouvez dresser une liste des tâches à distribuer et demander aux membres de votre équipe de procéder au partage.

Étape 3.   *Rencontrer chaque employé individuellement et répondre aux questions qu'ils n'ont pas osé poser devant leurs pairs.* Certains se demandent s'ils feront partie de la prochaine vague de rationalisation. D'autres s'interrogent quant à leurs capacités d'assumer une partie des tâches qu'on vient de leur confier. Répondez du mieux que vous le pouvez à ces interrogations.

Étape 4. *Mettre sur pied des programmes de formation s'il s'avère que les survivants ne sont pas prêts à assumer leurs nouvelles tâches.* Le fait que vous investissiez dans leur formation communique à ces employés le message que vous comptez sur eux pour longtemps.

Étape 5. *S'interroger sur les phénomènes à l'origine de la rationalisation qui vient d'avoir lieu.* Quels sont les facteurs qui l'ont provoquée ? Que pouvez-vous faire pour réduire les risques éventuels associés à ces facteurs ? Des formations plus poussées seraient-elles appropriées ?

Étape 6. *Maintenir la communication.* Ne vous cachez pas dans votre bureau, reconstruisez l'esprit d'équipe et offrez vos félicitations à ceux qui le méritent.

Par ailleurs, ne défendez pas la haute direction si vous ne croyez pas aux raisons qui ont été avancées pour justifier la rationalisation. Ne traitez pas non plus vos patrons de menteurs. Vous n'êtes pas là pour défendre des décisions auxquelles vous ne croyez pas, mais vous n'êtes pas là non plus pour faire chuter le sentiment d'appartenance qu'éprouvent vos employés à l'égard de l'organisation. Vous êtes là pour faire le maximum avec les ressources à votre disposition. Le temps est à la reconstruction. Reconstruction de l'esprit d'équipe. Reconstruction des liens de confiance. Reconstruction de l'organisation.

Et si vous avez perdu tout respect pour votre employeur, il est peut-être temps de démissionner.

• • •

Ces cinq cas particuliers, bien qu'ils soient parfois difficiles à cerner, peuvent miner la qualité du travail et vous pousser à faire plus de temps supplémentaires que requis. Il importe de les reconnaître et de les gérer adéquatement.

Il y a également un autre cas particulier auquel vous devrez faire face. Nous aurions pu l'inclure dans ce chapitre mais il est tellement important que nous avons décidé de lui consacrer un chapitre complet. Il s'agit du cas des employés difficiles. Contrairement aux alligators dans les toilettes, ce n'est pas une légende urbaine; ils existent.

8 > **_Les employés difficiles_**

La vie est-elle juste ? Non. Malgré tout ce qu'on vous dira et toutes les lois qu'on adoptera, les employés (les gens en général, en fait) ne naissent pas tous égaux et ne peuvent pas être traités également.

Certains sont brillants alors que d'autres sont bêtes à en pleurer. Certains jouissent d'une grande vitalité alors que d'autres se fatiguent rapidement et attrapent tous les microbes qui passent. Certains veulent s'investir et se réaliser dans leur travail alors que d'autres préfèrent en faire le moins possible pour le salaire qu'on leur verse. Certains apprécient leurs collègues et savent se faire apprécier tandis que d'autres se les mettent à dos en un temps record. Certains contribuent à l'amélioration du ratio émotions positives/émotions négatives tandis que d'autres minent le moral des troupes. (Évidemment, tout ça pourrait aussi s'appliquer aux patrons.)

Ce chapitre traite des employés difficiles, qui ne sont pas nécessairement de mauvais employés. Nous allons même supposer qu'ils pourraient devenir de très bons employés s'ils travaillaient ailleurs. Dans votre organisation cependant, ils affichent des comportements pouvant retarder l'atteinte des objectifs. Reconnaissez-vous vos employés difficiles dans les descriptions qui suivent ?

Il y a ceux qui en font le minimum. Ceux-là refusent les mandats que vous leur confiez ou ils les sabotent pour s'assurer de ne plus en avoir. Ils se traînent les pieds ou se cachent pour ne pas travailler. Ils font semblant d'écouter vos suggestions, mais ils n'ont aucune intention de s'améliorer. Le message qu'ils vous transmettent est on ne peut plus clair : ne leur confiez pas une tâche si vous voulez qu'elle soit bien faite.

Il y a ceux qui sont en guerre ouverte contre vous. Ce sont ceux qui vous contredisent et qui remettent toutes vos décisions en question. Ils parlent en mal de l'organisation en votre absence. Ils aiment bien se plaindre aux clients et à leur entourage. Leurs propos sont souvent méprisants.

Il y a ceux qui manquent de respect et de savoir-vivre. S'ils se sentent attaqués, ils attaquent à leur tour. Ils recourent aisément à l'intimidation et au harcèlement. S'ils commettent une erreur, ils jettent le blâme sur quelqu'un d'autre et, en réunion, ils n'hésitent pas à couper la parole de leurs collègues ou à ridiculiser leurs propos. Ce sont des as de l'humour acide et destructeur.

Il y a finalement les magouilleurs. Ceux-ci vont lancer des rumeurs infondées sur vous ou sur leurs collègues. Ils mépriseront ouvertement l'organisation et lui nuiront en encourageant des collègues à changer d'emploi, en nuisant au travail de leurs pairs ou en les isolant du reste du groupe.

Pourquoi agissent-ils ainsi? Disons que plusieurs sont malheureux, mais ils n'ont pas le courage de prendre leur vie en mains. Au lieu de se forger un meilleur avenir, ils cultivent le mépris et le ressentiment. Ils vous en veulent, mais ils restent quand même sous vos ordres. Ils se voient comme des victimes et entendent le faire payer au reste du monde.

Remarquez que tous ces employés difficiles ne sont pas mal intentionnés. Certains sont seulement maladroits et si vous leur faites remarquer que leur comportement indispose les autres ou que leur humour est mal à propos, ils changeront d'attitude illico. Les vrais employés difficiles sont ceux qui, volontairement, empoisonnent le climat en sabotant le travail de leurs collègues et en imposant un niveau de stress inacceptable aux membres de votre équipe.

Les dangers de l'inaction

Il peut être tentant, quand un employé commence à présenter des comportements répréhensibles, de ne rien faire en se disant que ce n'est que passager et que tout rentrera rapidement dans l'ordre. Cependant, en tant que patron, vous avez la responsabilité d'éviter les conséquences fâcheuses décrites ici.

> *Les dommages à la réputation.* Même si elles s'avèrent infondées, les fausses rumeurs lancées sur votre compte ou sur le compte d'un employé laissent des traces. Parlez-en à ceux qui ont été faussement accusés d'agression sexuelle. Même si la justice finit par leur donner raison, les regards que les autres portent sur eux ne seront jamais plus les mêmes.

La perte de clients. Un client est mal à l'aise quand un employé se plaint de son salaire ou qu'il lui avoue que les plaintes de la clientèle sont ignorées dans votre établissement. Si cela se produit, le client ne portera pas plainte ; il ira simplement acheter ailleurs.

Une baisse de la productivité. Le climat malsain que les comportements nuisibles peuvent engendrer aura souvent un impact direct sur la productivité du service dans son ensemble. Essayez de rester productif même si un collègue vous dérange à longueur de journée pour vous rappeler que vous êtes sous-payé, que l'organisation est pourrie et que vos produits sont nuls en comparaison de ceux de la concurrence.

Le départ des meilleurs employés. Les meilleurs employés connaissent leur valeur et ils quitteront votre organisation s'ils se rendent compte que vous ne faites rien pour améliorer le climat de travail. Ils n'ont pas à supporter un emploi devenu toxique.

Le doute. Il peut arriver que les insinuations malveillantes vous atteignent et que vous finissiez par douter de vos capacités ou de la valeur de votre organisation. Je connais un employé de commerce de détail qui s'amusait à ridiculiser la stratégie publicitaire de l'organisation quand les clients se faisaient plus rares. Avec le temps, le gérant a fini par douter de son axe de communication et a changé sa stratégie ; l'effet s'est avéré désastreux.

La crise. Dans l'inaction, vous accumulez les frustrations. Cette accumulation trouvera un jour son aboutissement dans une crise lors de laquelle vous perdrez le contrôle. Que direz-vous à ce moment ? Que ferez-vous à ce moment ? Vos gestes nuiront-ils à l'organisation tout entière ?

Si un comportement est nuisible, vous devez agir. Rappelez-vous que vous devez relever les défis de la productivité, de la rétention du personnel, de la confiance et de la saine ambiance de travail. Les comportements nuisibles de vos employés vous empêchent de relever tous ces défis, d'où l'importance d'agir.

Mais que faire ?

Les quelques conseils qui suivent sont d'ordre général. Pour aller plus loin, lisez *Comment gérer un employé difficile*, de Muriel Drolet et Marie-Josée Douville. Vous y découvrirez comment vous pouvez faire face à un employé difficile sans y laisser votre raison ni enfreindre la Loi sur les normes du travail.

Mais dans un premier temps, lisez la politique disciplinaire de votre organisation ou faites part de vos problèmes au service des ressources humaines. Les professionnels de ce service vous donneront un coup de main et aideront l'employé, notamment en le dirigeant vers le PAE (programme d'aide aux employés) si son comportement est attribuable à l'abus de substances ou à des perturbations dans sa vie privée. N'hésitez pas à recourir à ces ressources si votre organisation les offre.

Dans un deuxième temps, ne le prenez pas « personnel ». Ce n'est pas vous en tant qu'être humain que l'employé difficile tente de détruire ; c'est vous en tant que symbole d'autorité. Ce serait quelqu'un d'autre, et il agirait de la même manière. Vous n'êtes pas un mauvais gestionnaire parce que vous avez un employé difficile. Nombre de gestionnaires compétents partout dans le monde vivent cette situation. En dépersonnalisant la situation, vous acquérez la capacité de prendre de meilleures décisions.

Dans un troisième temps, prenez des notes; le stylo est votre allié! Chacune des rencontres que vous aurez avec l'employé difficile doit être documentée. Si vous ne vous donnez pas la peine de noter les faits et que vous devez en arriver à remercier l'employé, vous pourriez être accusé de congédiement abusif.

Dans un quatrième temps, si vous pouvez transmettre le dossier à un comité patronal-syndical chargé d'examiner les plaintes pour harcèlement, faites-le. Vous obtiendrez ainsi l'avis d'observateurs neutres qui ne sont pas impliqués émotionnellement.

Bien sûr, quand vous en arrivez là, vous devez confronter l'employé. Pour ne pas laisser vos émotions prendre le dessus, commencez par rédiger un CESA (se prononce « c'est ça »), c'est-à-dire un court texte qui vous permet de communiquer votre point de vue sans nuire à votre relation professionnelle avec l'employé. Chacune des lettres de cet acronyme correspond à un des éléments du message que vous devez communiquer.

> C = *Ce qui vous irrite.* Sans accuser l'employé et en vous en tenant aux faits, dites quel comportement vous irrite. Par exemple : « Je t'ai entendu raconter à tes collègues que nos produits sont trop chers et que nous sous-payons nos vendeurs. »

> E = *L'effet que cela a sur votre service ou sur vous-même.* Sans porter de jugement, décrivez l'effet que ce comportement a sur votre service. Par exemple : « Ces propos sèment le doute dans l'esprit des vendeurs. Ils en viennent à douter de nos prix ou à entretenir l'idée qu'ils gagneraient un meilleur salaire ailleurs. Or, je suis au courant des prix et des salaires de nos concurrents et je sais qu'ils ne sont pas meilleurs que les nôtres. »

S = La solution que vous préconisez. Expliquez clairement quel comportement vous aimeriez que l'employé adopte dorénavant au lieu du comportement nuisible dont vous venez de présenter les effets. Par exemple : « Dorénavant, si tu veux exprimer des commentaires négatifs à propos de notre organisation, j'aimerais que ce soit à moi que tu le fasses. »

A = L'avenir de la relation. Tournez-vous maintenant vers l'avenir et faites ressortir ce que vous y gagnerez tous deux si la solution que vous proposez est acceptée par votre employé. Par exemple : « Si tu me livres à moi tes commentaires négatifs, je serai en mesure de valider tes renseignements afin que tu ne racontes pas n'importe quoi. Ta crédibilité augmentera, et le climat de travail s'améliorera. Nous y gagnerons tous deux. »

La livraison d'un CESA annonce la fin de la situation actuelle. Dans bien des cas, après avoir pris connaissance du CESA, l'employé annonce qu'il démissionne. Grand bien lui fasse ! Il se peut aussi qu'il modifie le comportement qui lui est reproché, ce qui vient clore l'épisode.

Si ce n'est pas le cas, vous procéderez par étapes en documentant bien chacune de vos interventions. Vous commencerez par un avertissement verbal. Si le comportement est répété, vous poursuivrez avec un avertissement écrit faisant état des procédures qui suivront en cas de récidive. Si ce n'est pas suffisant, vous passerez à la suspension sans rémunération, puis, finalement, au congédiement.

Vous serez surpris de remarquer une amélioration immédiate du climat de travail et de votre leadership si vous vous rendez au congédiement. Il est même fort possible que vous vous demandiez pourquoi vous avez attendu si longtemps avant de vous départir de cette pomme pourrie.

Souhaitez quand même la meilleure chance à l'employé remercié. Ne gardez pas de rancœur à son égard : il était malheureux chez vous. Souhaitez-lui un emploi dans lequel il pourra grandir.

Mon employé difficile est le fils de mon patron...

Y a-t-il pire qu'un employé difficile ? Oui : un employé difficile protégé par la haute direction.

Dans une entreprise familiale, il se peut que l'employé difficile soit l'enfant du patron ou un de ses proches. Vous vous devez de régler la situation problématique le plus rapidement possible afin de découvrir si ça vaut la peine de continuer à travailler pour cette organisation.

Certaines entreprises familiales, contaminées par la famille à leur tête, ne sont plus gérées comme des entreprises. Au nom de l'harmonie familiale, on renonce à la rentabilité, à l'équité et à la saine gestion. On offre les postes de direction aux membres de la famille même s'ils n'ont pas les compétences pour les assumer. On passe sous silence les erreurs des membres de la famille et, quand les choses tournent mal, on cherche un bouc émissaire parmi les employés qui ne font pas partie du clan familial. Bref, on se ferme les yeux en espérant que l'entreprise parviendra à survivre.

Si vous travaillez dans une telle entreprise et que votre employé difficile est un enfant du ou des propriétaires, commencez par le confronter. Si aucun changement ne survient, demandez une rencontre avec votre patron, à qui vous expliquerez votre point de vue. Exigez des changements et, s'il est évident que rien ne sera fait, cherchez-vous un emploi ailleurs. De toute façon, votre situation deviendra bientôt invivable et vous devrez accepter la responsabilité pour des erreurs qui ne sont pas vôtres.

• • •

Sans doute auriez-vous aimé trouver dans ce chapitre des outils pour amadouer le plus irréductible des employés difficiles, mais de tels outils n'existent pas. En fait, il en existe un que vous utiliserez dès que vous sentirez qu'un employé est sur une mauvaise pente.

Cet outil, c'est un miroir. Qui vous dit que vous n'êtes pas à l'origine des comportements nuisibles d'un employé ? Avant de planifier une confrontation, répondez aux questions suivantes.

• Suis-je plus fatigué que d'habitude ?

• Ai-je été maladroit ? Mes propos ont-ils dépassé ma pensée ?

• Est-ce que je m'énerve facilement ?

• Les employés ont-ils tendance à me cacher de l'information sous prétexte que je rue dans les brancards ?

Bref, assurez-vous que vous n'êtes pas vous-même l'employé difficile, celui qui nuit le plus à la performance du service.

9 〉 *Mes relations avec la direction*

En tant que p'tit boss, vous avez nécessairement un patron. Celui-ci est peut-être compétent, mais il ne l'est peut-être pas. Quoi qu'il en soit, vous faites face à trois défis : obtenir une évaluation juste de votre supérieur, obtenir les ressources dont vous avez besoin pour réaliser les mandats qu'on vous a confiés et faire valoir les employés dont les compétences excèdent maintenant les besoins de votre service.

Comment serai-je évalué ?

En tant que patron, vous ne serez plus évalué de la même façon que du temps où vous étiez un simple employé. Les critères et les règles du jeu ont changé et il importe que vous les connaissiez pour livrer une bonne performance. Voici les sept critères d'évaluation les plus courants.

1. Les résultats

Les objectifs de production et de qualité qu'on vous a imposés ont-ils été atteints ? Avez-vous bien utilisé les ressources mises à votre disposition ? Avez-vous respecté le budget ? Avez-vous su maîtriser les coûts de production ?

Pour évaluer les résultats de votre service, la direction comparera ceux-ci aux objectifs initiaux que vous avez acceptés et à la performance des autres services comparables. Par exemple, si vous dirigez un quart de travail, on comparera vos résultats à ceux des autres quarts de travail accomplissant les mêmes tâches.

2. La satisfaction de la clientèle

Par clientèle, on entend ici les clients internes et externes. Y a-t-il eu des plaintes de clients externes relatives à la production de votre service ? Combien ? Ce ratio est-il comparable à celui d'autres services ? Y a-t-il eu des plaintes de clients internes ? Les employés des autres services aiment-ils entrer en contact avec votre équipe ? Quelle est la qualité de ces contacts ?

Si votre organisation n'arrive pas à satisfaire ses clients externes, elle perdra sa raison d'être. Si elle n'arrive pas à satisfaire ses clients internes, elle perdra ses employés. Dans les deux cas, vous aurez réduit la valeur de l'organisation. Dans les deux cas, votre fonction sera remise en question.

3. Le climat de travail

Rappelons qu'un des défis que vous devez relever est celui de la rétention et que, dans une société vieillissante, les concurrents sont de plus en plus tentés de vous ravir non seulement vos clients mais également vos employés.

L'atmosphère générale dans laquelle baignent vos employés a un impact certain sur votre capacité à les retenir. Le patron qui n'arrive pas à maintenir une ambiance positive dans son service (en recourant à la peur ou aux menaces pour se faire écouter, par exemple) fait peser une menace sur son organisation. Dans ce cas, il peut s'attendre à une évaluation négative.

4. La sécurité au travail

Tenez-vous suffisamment compte de la sécurité de vos employés quand vous leur imposez des mandats ? Si votre service dénombre plus d'accidents de travail qu'un service équivalent pour une période donnée, votre évaluation en souffrira. Cette affirmation vaut même si la production de votre service, pour cette période, a été supérieure à celle d'un autre service.

5. Le pouvoir d'attraction

Vos employés ne font pas uniquement partie de votre service ; ils sont citoyens à part entière et, quand ils parlent de leur travail, ils vantent leur employeur ou ils salissent son image. Si le nombre de personnes demandant un emploi dans votre service est supérieur à celui des services équivalents, on peut supposer que vous avez transformé vos employés en ambassadeurs et que vous faites bien votre travail.

Le pouvoir d'attraction est difficile à évaluer pour un service d'une entreprise manufacturière, mais il en va tout autrement dans le secteur de la vente au détail. Si les demandes d'emploi affluent dans votre succursale et qu'elles se font rares dans les autres succursales, c'est que vous avez su développer l'image d'un bon employeur.

6. L'identification à l'organisation

Les employés de votre service sont-ils fiers de travailler pour votre organisation ou, au contraire, se présentent-ils au boulot simplement parce qu'il y a peu d'emplois dans votre région et qu'il faut bien gagner sa vie ? Qu'est-ce qui les motive ?

Vous gagnez des points chaque fois qu'ils s'identifient à votre organisation, chaque fois qu'ils vantent son mérite, qu'ils la décrivent comme une organisation ayant le vent dans les voile, qu'ils s'affichent fièrement comme faisant partie de sa main-d'œuvre.

7. L'innovation

Combien de suggestions d'innovation ont été formulées par des membres de votre service depuis un an ? Encouragez-vous l'innovation ou préférez-vous que vos employés ne remettent jamais en question les façons de faire ?

Votre attitude envers l'innovation a un impact certain sur l'utilisation que font vos employés de leurs facultés créatives. Or, pour la haute direction, innovation rime avec productivité et avantage concurrentiel...

Mon rôle d'imprésario

Un dicton veut que l'objectif principal d'un bon consultant soit d'en arriver au point où son client n'a plus besoin de lui. Partant de là, un mauvais consultant maintiendrait le lien de dépendance du client à son égard. Cette façon de voir peut très bien être adaptée au rôle de patron.

Si vous faites bien votre travail et que vos employés grandissent en travaillant pour vous, il arrivera un moment où vous ne pourrez plus leur offrir d'emploi correspondant à leurs habiletés. Ils seront devenus «trop grands» pour occuper un emploi dans votre service et, s'ils restent sous votre direction, ils finiront par s'ennuyer.

Il est de votre responsabilité que l'employé ne quitte pas l'organisation quand ce moment arrivera, surtout s'il y existe des postes qu'il pourrait occuper ailleurs que dans votre service.

Vous vous devez donc de jouer les imprésarios et de faire valoir les qualités de vos poulains. Réseautez. Soyez au fait des besoins de vos collègues. Faites connaître les bons coups de vos employés. Jouez les relationnistes chaque fois que vous le pouvez et considérez comme un succès personnel le fait que vos meilleures ressources soient repêchées dans un autre service. Vous y gagnerez sur plusieurs points.

Premièrement, il deviendra tentant pour les employés de faire partie de votre service parce qu'ils sauront que vous vous préoccupez d'eux. Deuxièmement, votre pouvoir relatif grandira dans l'organisation parce que de plus en plus de p'tits boss viendront vous consulter quand ils seront en manque de personnel. Troisièmement, ceux que vous aurez ainsi aidés seront endettés à votre égard et seront disposés à vous retourner l'ascenseur quand vous aurez besoin d'un service. N'oubliez pas que vous devez également penser à votre carrière...

Le défi des revendications

Le statut de patron comporte des responsabilités qui dépassent le cadre de votre seule carrière. La performance de votre service influera bien entendu sur vos chances d'avancement, mais elle aura le même effet pour chacun de vos employés.

Si votre service n'atteint pas les objectifs fixés, votre réputation de gestionnaire en prendra un coup et celle de vos troupes aussi. Qui voudrait obtenir les services d'un travailleur associé à un service improductif ? La qualité de votre gestion fait fluctuer la valeur du travail de vos employés. Cet état de fait entraîne certaines obligations.

Si on vous impose un objectif à atteindre mais que vous êtes persuadé que les ressources qu'on vous attribue pour les réaliser sont insuffisantes, faites-le savoir. Annoncez que, sans l'allocation d'autres ressources, vous refusez de travailler à l'atteinte de cet objectif et qu'il n'est pas question que vous lanciez vos troupes dans une impossible quête. Un objectif irréaliste est inacceptable.

Si un autre gestionnaire tente de vous prendre un employé sous prétexte qu'il a besoin de ses compétences et que cet employé est en état de flow *dans votre service, exigez qu'il puisse choisir d'être muté ou non.* Les êtres humains ne sont pas de simples outils interchangeables. Si l'autre gestionnaire n'arrive pas à garder ses employés, vous n'êtes pas disposé à ce qu'il nuise à l'enthousiasme d'un employé performant.

Si vous vous rendez compte qu'un de vos employés est traité injustement, exigez un rétablissement des faits. Vous aplatir quand une injustice se présente vous fait perdre de la crédibilité auprès de vos troupes.

Si un mandat est en suspens et que vous croyez votre service capable de l'accomplir, faites valoir vos compétences et vos réalisations antérieures. N'attendez pas que le mandat soit attribué au hasard, ce qui arrive plus souvent qu'on le pense. Montez un dossier dans lequel vous ferez ressortir vos avantages concurrentiels.

Si un autre service s'attribue une réalisation qui est issue du vôtre, remettez les pendules à l'heure. Si les autres veulent obtenir des félicitations, qu'ils les méritent !

Vous ne serez pas le seul à en subir les conséquences si votre organisation traite injustement votre service. En tant que patron, vous devez protéger vos employés et mettre en lumière leur bon travail. Montez aux barricades s'il le faut.

• • •

En tant que p'tit boss, vous êtes également un employé. Vous avez des droits et des obligations. Vous pouvez vous permettre d'évaluer votre superviseur immédiat et de vous demander si c'est un bon patron. Si ses décisions vous empêchent d'avoir du plaisir au travail ou de demeurer un bon boss (celui qui atteint ses objectifs tout en restant apprécié de ses troupes), vous devrez le confronter. Ne troquez pas votre bonheur personnel pour un titre qui est davantage un boulet qu'une occasion de croissance personnelle. Être un p'tit boss passe toujours. Recevoir le titre de boss sans bénéficier des ressources qui doivent l'accompagner peut devenir une malédiction.

Conclusion

Avez-vous remarqué que beaucoup de personnes se rendent malheureuses dans l'unique but d'entretenir leur image ? Certaines vont lourdement s'endetter pour acquérir une voiture hors de prix. D'autres vont tellement se donner au travail afin de bien paraître aux yeux de leur supérieur qu'elles y laisseront leur santé, leur vie personnelle et leur vie familiale.

Il en va de même chez les personnes fraîchement promues à un poste de patron. Le nouveau boss a été chaudement félicité (« Bravo pour ta promotion ! », « Tu le méritais, ce poste ; tu es tellement efficace ! », etc.), si bien qu'il hésite à revenir en arrière quand il se rend compte que ce n'est pas un emploi pour lui. Plusieurs nouveaux patrons, même s'ils sont malheureux, choisissent de conserver leurs fonctions en s'accrochant à des arguments qui ne tiennent pas la route : « Qu'est-ce que ma famille va penser ? » ; « Les gens vont-ils croire qu'on m'a retiré le poste parce que je n'avais pas les compétences ? » ; « Tant de personnes auraient aimé obtenir ce poste. Je devrais être content de mon sort… »

Vous vous reconnaissez dans ces propos ? Attention : il est malsain de conserver un emploi qui n'est pas fait pour vous. Si vous êtes malheureux dans votre rôle de patron, que vous ne vous trouvez jamais en état de *flow* et que la simple idée de vous rendre au travail vous déprime un peu plus chaque jour, revenez en arrière avant qu'il ne soit trop tard.

Le plus important n'est pas ce que « les voisins vont penser » ; ce qui importe le plus, c'est d'être heureux dans son emploi. L'énergie dont vous disposez est limitée. Plus vous en investirez pour maintenir une façade sociale, moins il vous en restera pour entretenir votre bonheur.

Cela ne veut pas dire que vous devez tout laisser tomber parce que vous trouvez votre apprentissage difficile. Avant d'établir que vous étiez plus heureux auparavant, vous devez vous donner du temps. Tout emploi exige des efforts supplémentaires au départ ; vous ne pouvez faire fi de la courbe d'apprentissage. Pour plus d'information à ce sujet, lisez *52 jours pour réinventer ma vie*.

Prenez votre temps afin de prendre une décision éclairée. Appliquez les conseils présentés dans ce livre. Trouvez un mentor dans votre organisation avec qui vous pourrez discuter ouvertement. Soyez attentif aux signaux que vous envoie votre estomac quand vous entrez au travail. Ensuite, vous déciderez.

Et maintenant ?

Et si vous appréciez votre nouveau rôle de boss, comment pouvez-vous faire grimper vos chances d'être encore promu ?

Dans un premier temps, vous pourriez lire les livres de la collection S.O.S. BOULOT. Chaque titre présente un irritant de la vie au travail, comme le harcèlement, le manque de temps, la vie après une rationalisation, l'attirance sexuelle au travail, etc., et vous permet de mieux comprendre ce qui se passe dans la tête des personnes que vous supervisez. Votre empathie sera plus grande après la lecture de ces livres et – qui sait ? – vous aurez peut-être envie d'offrir certains livres à quelques employés ou collègues (*Devrais-je démissionner ?* ou *Gérez votre patron*, par exemple) ?

La collection Grands Défis peut également venir à votre rescousse. Si vous travaillez dans une entreprise familiale et que les comportements des membres de la famille vous laissent régulièrement pantois, lisez *Famille inc. : la gérer, la faire grandir*. Vous comprendrez mieux la dynamique particulière de ce type d'organisation.

Si vous avez l'impression que votre équipe de travail manque de cohésion, lisez *Le travail d'équipe : le susciter, l'améliorer*. Vous y découvrirez comment implanter et maintenir un solide esprit d'équipe, comment améliorer les résultats d'une réunion d'équipe, comment mieux résoudre les problèmes, comment mieux développer vos habiletés interpersonnelles et comment évaluer ou récompenser une équipe.

Il se peut que vous maîtrisiez mal le langage de la comptabilité. Pour continuer votre progression dans l'organisation, vous devez acquérir les rudiments nécessaires à la lecture des états financiers. Lisez *Les maudits chiffres : les maîtriser, les faire parler*.

Continuez à vous intéresser aux gens que vous devez chaque jour encadrer. Cultivez les forces qui font de vous un patron pour lequel les travailleurs sont prêts à se mobiliser. Adaptez votre comportement à la personnalité de chacun. Réprimandez correctement ceux qui nuisent à l'esprit d'équipe. Et n'oubliez pas de rester fidèle à vos valeurs.

Le métier de patron peut être très valorisant. Il vous permet bien entendu de jouer un rôle de premier plan dans une organisation et vous donne la chance d'aller encore plus loin. Peu d'emplois peuvent vous apporter la possibilité d'aider un employé à découvrir ses forces et à s'investir dans des activités susceptibles de le rendre plus heureux, la possibilité d'utiliser pleinement votre potentiel humain et la possibilité d'influencer la direction d'une organisation dans sa prise de décision.

Finalement, même si la poussière n'est pas encore retombée depuis que vous avez été nommé boss, il vous faudra bientôt commencer à préparer votre relève. Nul n'est éternel et le maraudage est maintenant bien présent dans les organisations. Une organisation bien gérée est en mesure de retomber rapidement sur ses pieds après un départ soudain.

De plus, en préparant votre relève, vous cesserez d'être indispensable dans votre poste actuel et deviendrez un candidat de choix pour une promotion. Aimeriez-vous passer de p'tit boss à grand boss? C'est tout à fait possible.

Lectures suggérées

BACAL, Robert. *Dealing With Difficult Employees*, Alpha Books, Indianapolis, 2000, 344 p.

BARR, Lee et Norma BARR. *The Leadership Equation*, Eakin Press, Texas, 1989, 175 p.

BECK, John D. et Neil M. YEAGER. *The Leader's Window*, Wiley, New York, 1994, 242 p.

BENTLEY, Trevor, *Sharpen Your Team's Skills in Motivating People*, McGraw Hill, New York, 1996, 124 p.

BUCKINGHAM, Marcus et Donald O. CLIFTON. *Now, Discover Your Strengths*, Free Press, New York, 2001, 260 p.

COFFMAN, Curt et Gabriel GONZALEZ-MOLINA. *Follow This Path*, Warner Business Books, New York, 2002, 284 p.

CLAYTON, Susan. *Sharpen Your Team's Skills in Supervision*, McGraw Hill, New York, 1996, 148 p.

CSIKSZENTMIHALYI, Mihaly. *Good Business*, Viking, New York, 2003, 244 p.

COYLE, Anne. *The ASTD Trainer's Sourcebook on Leadership*, McGraw Hill, New York, 1997, 210 p.

DROLET, Muriel avec Marie-Josée DOUVILLE. *Comment gérer un employé difficile*, Éditions Transcontinental et Éditions de la Fondation de l'entrepreneurship, Montréal et Québec, 2004, 199 p.

FELDMAN, Daniel A. *The Handbook of Emotionally Intelligent Leadership*, Leadership Performance Solutions Press, Virginie, 1999, 88 p.

KOUZES, James M. et Barry Z. POSNER. *The Leadership Challenge*, Jossey-Bass, San Francisco, 1997, 406 p.

PELL, Arthur R. *The Complete Idiot's Guide to Managing People*, Alpha Books, Indianapolis, 1999, 390 p.

ROSNER, Bob et al. *The Boss's Survival Guide*, McGraw Hill, New York, 2001, 430 p.

SAMSON, Alain. *Affirmez-vous !*, Éditions Transcontinental, Montréal, 2002, 104 p.

SAMSON, Alain. *Avec qui travaillez-vous ?*, Éditions Transcontinental, Montréal, 2002, 248 p.

SAMSON, Alain. *Famille inc. : la gérer, la faire grandir*, Éditions Transcontinental et Éditions de la Fondation de l'entrepreneurship, Montréal, 2004, 134 p.

SAMSON, Alain. *Gérez votre patron*, Éditions Transcontinental, Montréal, 2001, 96 p.

SAMSON, Alain. *La perle rare : la trouver, la garder*, Éditions Transcontinental et Éditions de la Fondation de l'entrepreneurship, Montréal, 2004, 152 p.

SAMSON, Alain. *La vie est injuste (et alors ?)*, Éditions Transcontinental, Montréal, 2004, 183 p.

SAMSON, Alain. *Le kit du survivant*, Éditions Transcontinental, Montréal, 2003, 105 p.

SAMSON, Alain. *Le travail d'équipe : le susciter, l'améliorer*, Éditions Transcontinental et Éditions de la Fondation de l'entrepreneurship, Montréal, à paraître.

SAMSON, Alain. *Les maudits chiffres : les maîtriser, les faire parler*, Éditions Transcontinental et Éditions de la Fondation de l'entrepreneurship, Montréal, à paraître.

SAMSON, Alain. *Sexe et flirts au bureau*, Éditions Transcontinental, Montréal, 2002, 94 p.

SAMSON, Alain. *Un collègue veut votre peau*, Éditions Transcontinental, Montréal, 2001, 95 p.

SAMSON, Alain. « Victime de délégation ascendante ? », *Finance et Investissement*, mi-février 2004, p. 23.

SAMSON, Alain. *Vos futurs leaders : les identifier, les former*, Éditions Transcontinental, Montréal, 2004, 134 p.

SAMSON, Alain. *52 jours pour réinventer ma vie*, Éditions Transcontinental, Montréal, à paraître.

SCHOLTES, Peter R. *The Leader's Handbook*, McGraw Hill, New York, 1998, 416 p.